Michael Laitman

FRA KAOS TIL HARMONI

Løsningen på den
globale krisen ifølge
læren om kabbala

Oversatt av Elisabet Arefjord

Konsulent, Audun Kjørstad

”Fra kaos til harmoni” er basert på korte tek-
ster og foredrag av Michael Laitman, PhD,
som senere er samlet og redigert av medlemmer
fra Ashlag Research Institute (ARI).

Boken har fokus på det personlige plan.
Den forklarer årsaken til alle kriser og
problemer vi opplever i livet, og beskriver
hvordan vi kan løse dem.

Innhold

Forord

At menneskeheten befinner seg i en alvorlig krise, kan neppe sies å være en hemmelighet. Mange av oss kjenner krisen på kroppen allerede, og vi overveldes av følelser som meningsløshet, frustrasjon og tomhet. Lykken overskygges av familiekriser, et lite tilfredsstillende utdanningssystem, avhengighet av narkotiske stoffer, personlig usikkerhet, frykt for atomkrig og økologiske trusler. Det virker som om vi har mistet kontroll over livene våre, og ikke er i stand til å løse alle problemene som dukker opp.

I den engelskspråklige verden sier man gjerne at en korrekt diagnose bare er halve kuren. På samme måte må vi derfor først forstå årsakene til problemene våre før vi kan løse dem. Den beste måten å starte arbeidet på, er å prøve å få en forståelse av menneskets natur og hvordan naturen og verden fungerer. Hvis vi forstår vår egen natur og de lovene som påvirker oss, vil vi også forstå hvor vi gjør feil og hva vi må gjøre for å sette en stopper for den vanskelige situasjonen vi befinner oss i.

Når vi betrakter naturen rundt oss ser vi at de uorganiske, organiske og bevegelige nivåene i naturen blir styrt av grunnleggende instinkter. Deres handlinger anses verken som gode eller dårlige, da de kun følger de reglene som er en iboende del av dem, og dette skjer når de oppnår harmoni med naturen og seg imellom.

Om vi ser nærmere på den menneskelige natur, ser vi at den er vesentlig forskjellig fra resten av naturen. Mennesket er den eneste skapningen som finner glede i å utnytte og å utøve makt over andre. Bare mennesket oppnår nytelse av å være unik, annerledes og bedre enn andre. På denne måten bryter egoismen til menneskene med balansen i naturen.

Behovet for å oppnå nytelse har utviklet seg i oss over tid, som en konsekvens av stadig økende ønsker. De første behovene vi hadde var enkle, slik som ønsker om å spise, forplante seg og få en familie. Mer avanserte ønsker, som behov for rikdom, heder, makt og kunnskap, gjorde at samfunn og sosiale strukturer innenfor utdanning, kultur, vitenskap og teknologi utviklet seg raskt. Menneskeheten marsjerte stolt fremover, og trodde at fremskritt og økonomisk vekst skulle tilfredsstille oss og gjøre oss mer lykkelige. I dag begynner vi dessverre å innse at denne langtrukne "evolusjonen" har nådd sin grense.

Årsaken er at behovet vårt for å oppnå nytelse ikke blir tilfredsstilt særlig lenge om gangen. Vi har vel alle i løpet av livet opplevd å ønske oss noe veldig sterkt, og noen ganger bevarer vi ønsket gjennom flere år. Likevel opplever vi at så snart vi har fått det vi ønsker oss, svinner gleden hen kort tid etterpå. Tomheten kommer tilbake, og vi jakter igjen på nye mål og håper at de vil tilfredsstille oss. Prosessen skjer både på individnivå og når man ser på hele menneskeheten under ett.

Etter å ha samlet erfaringer gjennom tusenvis av år, står det i dag klart for oss at vi ikke vet hvordan vi kan oppnå verken varig lykke eller en grunnleggende indre trygghet. Vi er forvirret. Dette fenomenet er bakgrunnen for krisene og utfordringene som plager oss.

Den naturlige og egoistiske forkjærligheten mennesket har for å søke selvsentrert glede på bekostning av andre, har forsterket seg over tid. I dag forsøker mennesker å lykkes gjennom andres fiaskoer. Intoleranse, fremmedgjøring og hat har nådd nye og skremmende høyder, og dette setter selve eksistensen til menneskeheten i fare.

Hvis vi studerer naturen, ser vi at alle levende organismer er skapt for å følge prinsippet om altruisme, det vil si det å bry seg om andre. Dette prinsippet er fundamentalt forskjellig fra det som motiverer mennesker i dag.

Celler i en organisme oppnår samhold ved å gi til hverandre, og sikrer slik at hele kroppen kan forsørges. Hver celle i kroppen mottar kun det den trenger for sitt livsopphold, og bruker resten av energien sin på å pleie hele kroppen. På alle nivåer i naturen arbeider den enkelte til fordel for helheten den er en del av, og slik finner den sin egen verdi. En kropp kan ikke eksistere uten slike altruistiske handlinger. Livet *i seg selv* kan faktisk ikke vedvare uten dette handlingsmønsteret.

Etter forskning innenfor mange forskjellige fagfelt, er vitenskapen i dag kommet til den konklusjon at menneskeheten faktisk også er en helhetlig kropp. Problemet er bare at vi mennesker fortsatt ikke er klar over det. Vi må våkne opp, og forstå at de problemene som overskygger livene våre ikke er tilfeldige. De kan ikke løses med vanlige virkemidler som har vært brukt tidligere. Problemene vil ikke forsvinne, men tvert imot bli verre helt til vi endrer kurs og begynner å fungere i samsvar med den altomfattende naturloven – loven om altruisme.

Alt det negative vi opplever i livet vårt, fra helt spesifikke til mer generelle ting, er et direkte resultat av at vi ikke følger naturens lover. Vi vet for eksempel at hvis vi hopper utfor et stup og skader oss, så er det fordi vi handlet mot tyngdekraften. Derfor må vi nå stoppe opp og granske oss selv for å finne ut i hvilke tilfeller vi ikke følger naturen. Vi må finne den riktige måten å leve på, og alt avhenger av hvor bevisste vi er. Jo bedre vi forstår systemet i naturen, desto mindre lidelse vil vi oppleve, og dette vil igjen medføre en raskere utvikling av menneskeheten.

Altruisme er selve eksistensgrunnlaget blant dyrene. Når det gjelder det menneskelige nivået, må vi derimot selv bygge opp et slikt forhold oss i mellom. Naturen har overlatt den delen til oss, slik at vi kan utvikle oss mot et nytt og høyere eksistensnivå. Det er dette som er den avgjørende forskjellen mellom mennesket og alle andre skapninger.

I denne boken vil vi drøfte hvordan vi kan realisere en slik altruistisk holdning, for det er ingen liten oppgave å forandre menneskets natur. Vi ble skapt som egoister og kan derfor ikke direkte motarbeide egoet vårt, fordi det er en del av vår natur. Trikset er derfor å finne en metode som kan få hver og en av oss til å ha et *egoistisk* ønske om å endre den innstillingen vi har til andre. Slik kan vi oppnå like nær kontakt oss i mellom som de ulike delene i én enkel kropp.

Det er ikke tilfeldig at naturen skapte oss som sosiale vesener. Hvis vi ser nærmere på hvordan vi oppfører oss, ser vi at hensikten med alt det vi gjør er å oppnå anerkjennelse fra samfunnet rundt oss. Det er dette som holder oss oppe. Uten denne anerkjennelsen, eller enda verre, hvis samfunnet er imot oss, vil vi oppleve stor lidelse.

Den verste følelsen en person kan oppleve er skam, og derfor følger vi de verdiene som samfunnet fastsetter. Dersom vi lykkes med å endre verdiene i det miljøet vi lever i, ved å sette en standard som plasserer altruistiske verdier på toppen av verdikjeden, kan vi derfor endre vår holdning til andre. Eksempler på slike verdier kan være det å bry seg om andre, deling og samhold.

Dersom samfunnet utelukkende anerkjenner en person ut i fra det engasjementet han eller hun har for samfunnet, vil alle strebe etter å tenke og handle til det beste for fellesskapet. Vi vil slutte å belønne individuelle ferdigheter, og kun verdsette personer for den omsorgen de viser andre. Barn vil dømme foreldrene sine etter de standardene foreldrene selv setter, og venner, bekjente og kolleger vil bare vurdere oss i forhold til hvor godt vi forholder oss til andre, og slik vil vi alle ønske å gjøre det beste for andre slik at vi blir verdsatt av samfunnet.

Etter hvert vil vi gradvis oppnå en altruistisk, eller uselvisk, innstilling mot andre og oppleve den som den viktigste verdien i seg selv, uten å tenke på om den gir sosial anerkjennelse. Når vi gjør det, vil vi se at en slik holdning er kilden til perfekt og endeløs glede.

Selv om det samfunnet vi har i dag er egoistisk, er det likevel forberedt på å utvikle seg mot å leve etter naturens lov om altruisme. Utdannelse og kultur har alltid blitt etablert ut i fra altruistiske prinsipper, og både hjemme og på skolen læres barna våre opp til å ha medfølelse med andre, og å være omtenksomme og vennlige. Vi vil at barna våre skal være snille med andre, da vi føler at en slik holdning er den eneste riktige og at den beskytter dem som lever etter dette prinsippet. Ingen vil vel si seg uenig i disse verdiene.

Takket være store fremskritt innen kommunikasjonsteknologi, kan vi i dag overføre nye budskap og verdier til hele verden i et raskt tempo. Dette er avgjørende for å øke oppmerksomheten rundt den voksende krisen menneskeheten befinner seg i, og setter fokus på behovet for en gjennomgripende løsning.

Selv om problemene vi har i dag presser oss til umiddelbar forandring, dreier dette seg også om noe mer. Når vi oppnår en riktig innstilling til samfunnet rundt oss, vil vi gradvis få tilgang til et helt nytt eksistensnivå som er bedre enn noe annet vi tidligere har opplevd. Det er en høyere form for liv, som gir oss en forståelse av helheten i naturen og hvor perfekt den er sammensatt.

Gjennom flere generasjoner med utvikling, har vi i dag opparbeidet oss nok erfaring til å forstå hvor naturens evolusjon leder oss.

Det bildet som vi gradvis vil tegne for leseren er basert på prinsipper fra den gamle læren kabbala, samt de siste oppdagelsene fra samtidens vitenskap. Meningen med boken er å lære oss hvordan vi skal løse krisen, og bane vei mot lykke og velstand. Med denne kunnskapen vil vi bli i stand til å ta de første virkelige skrittene mot å realisere naturens lov. Bare da vil vi kunne føle at vi alle er en del av den helhetlige og storstilte naturen, og få en smak av dens fullkommenhet og harmoni.

1

Behovet er grunnlaget for alt

ÉN ÅRSAK, ÉN LØSNING

Mange av oss føler allerede at en krise er i ferd med å utvikle seg blant menneskene, både på verdensbasis og på det personlige plan slik vi også nevnte i forordet. Krisen omfatter faktisk hele naturen, både det uorganiske, organiske og bevegelige nivået i tillegg til menneskesamfunnet. Derfor er det ikke nok å rette fokus mot enkeltområder. Vi må finne den bakenforliggende årsaken til problemene, og deretter forsøke å korrigere dem.

Denne delen av boken vil vise at det bare finnes én årsak til alt det negative som skjer rundt oss. Når vi først forstår denne årsaken, vil vi være i stand til å komme fram til en enkel og forståelig løsning.

La oss begynne med det vi vet om menneskets og verdens natur. Hvis vi tilegner oss en bedre forståelse av alle lover og regler som gjelder i naturen, vil vi fort se hva vi gjør feil. Da vil vi først og fremst være i stand til å gjøre slutt på alle krisene vi opplever, og deretter bevege oss mot en mye lysere fremtid.

Hvis vi studerer ulike substanser, vil vi se at det viktigste behovet for all materie og hvert eneste objekt er å sikre sin egen eksistens. Dette behovet uttrykkes likevel på forskjellige måter i ulike substanser. Massive objekter har for eksempel en form som er bestemt og definert, noe som gjør det vanskelig for dem å gå utenfor sine egne "grenser". Andre former tar derimot vare på seg selv ved hjelp av bevegelse og forandring. Hva er det som gjør at enhver substans oppfører seg på en bestemt måte, og skiller seg fra andre materier? Hva er det som bestemmer hvordan disse materiene manifesterer seg?

Substanser oppfører seg ganske likt skjermen til en datamaskin. Vi blir kanskje imponert over bildene vi ser på skjermen, men en datamaskin behandler dette bildet kun som en kombinasjon av piksler og farger, og er bare interessert i de forskjellige parametrene som danner bildet. Datakyndige forstår at bildet som dannes på dataskjermen bare er en overflatisk fremstilling av en bestemt kombinasjon av disse bakenforliggende kreftene. De vet hvilke deler av maskinen som må forbedres for å oppnå et klarere, lysere og skarpere bilde, og det er dette de konsentrerer seg om.

Hvert objekt og system, inkludert menneskeheten og samfunnet, reflekterer i virkeligheten en unik og iboende kombinasjon av krefter på en bortimot tilsvarende måte. For å få en forståelse av de forskjellige problemene som kan oppstå, må vi først forstå hvordan materien beveger seg på ulike nivåer. Denne forståelsen kan vi oppnå ved å gå dypere inn på de iboende kreftene som bestemmer hvordan materien skal se ut og som gir den form.

Vi refererer vanligvis til den iboende kraften i alle materier og ethvert objekt som "ønsket om å eksistere". Denne kraften bestemmer substansenes form, og definerer hvilke kvaliteter og funksjoner de skal ha.

Det finnes uendelig mange former og kombinasjoner av ønsket om å eksistere, og det er selve basisen for all materie i hele verden. Materie på et høyt nivå reflekterer et høyere ønske om å eksistere, og de forskjellige behovene innenfor hvert nivå av materien, det uorganiske, organiske, bevegelige og menneskelige, former de forskjellige prosessene som utspiller seg inni den.

Ønsket om å eksistere følger to prinsipper: 1) å opprettholde sin opprinnelige form, det vil si å fortsette å eksistere, og 2) å tilføre seg selv det den føler er nødvendig for at den skal eksistere. Behovet for å tilføre noe til seg selv, er det som skiller de ulike nivåene av materien. La oss se litt nærmere på dette.

Det uorganiske nivået har det minste behovet for å eksistere. Dette er fordi uorganisk materie har beskjedne ønsker, og ikke trenger å få tilført noe mer utenfra for å sikre sin egen eksistens. Det eneste den ønsker, er å beholde den formen, strukturen og kvaliteten den har

akkurat nå. I tillegg skyver den fra seg alt som er frem-
med. Siden den kun har et ønske om å *beholde* sin opp-
rinnelige form, kaller vi den derfor "uorganisk".

Det organiske nivået har et større behov for å
eksistere. Dette nivået er fundamentalt forskjellig fra
det uorganiske nivået gjennom at det forandrer seg,
mens det uorganiske forblir som det er. Vegetasjonen
slår seg ikke til "ro" med å bare eksistere slik som den
uorganiske materien gjør, men går derimot gjennom
bestemte prosesser.

Den organiske materien har altså en aktiv holdning
til sine omgivelser. Plantene vokser for eksempel mot
solen, mens røttene vokser nedover i jorden for å finne
fuktighet. Det organiske nivået er avhengig av miljøet
rundt seg, sol, regn, temperatur, fuktighet og tørke, for
å eksistere. Organisk materie henter det den trenger til
sitt livsopphold fra omgivelsene, spalter det og lager selv
det den trenger ut i fra dette. Det som er skadelig skilles
ut, og slik sikrer den egen vekst. På denne måten er det
organiske nivået mye mer avhengig av omgivelsene sine
enn det uorganiske.

Organisk materie har sin egen livssyklus fordi planter
lever og dør, og samme type plante vokser, blomstrer og
dør etter de samme reglene. Planter som er like oppfører
seg med andre ord likt, og de enkelte bestanddelene i en
art har ikke egne særtrekk.

Jo større ønsket om å eksistere er, jo mer avhengig
og følsomt blir det ovenfor omgivelsene sine. Dette for-
holdet er tydeligere på det bevegelige nivået, hvor ønsket
om å eksistere er større enn på det organiske nivået. Dyr
lever for det meste tett sammen i grupper. De er veldig

mobile, og må stadig skifte beite på jakt etter mat og gode nok leveforhold. Dyr spiser andre dyr eller planter, og ser kun på dem som en kilde til energi som de trenger for å overleve.

På det bevegelige nivået finnes det en viss grad av personlighetsutvikling som gir individuelle følelser og sinnsstemninger, og som igjen gir hvert enkelt dyr en unik karakter. Alle dyr har en personlig kontakt med omgivelsene sine. De har nærhet til det de har nytte av, og distanserer seg fra det som er ødeleggende.

Også dyrenes livssyklus er individuell. Alle dyr lever og dør når tiden er inne for dyret selv, i motsetning til plantene som har en livssyklus som er avhengig av årstidene.

Det største ønsket om eksistens finner vi hos mennesket. Mennesket er den eneste skapningen som helt og holdent er avhengig av andre, og bare mennesket forholder seg til et tidsperspektiv som inkluderer fortiden, nåtiden og fremtiden. Mennesker påvirker miljøet, og miljøet påvirker dem. Derfor forandrer vi oss ustanselig, og ikke bare fordi vi er fornøyd eller misfornøyd med slik vi har det nå, men på grunn av at vi har en bevissthet om andre rundt oss som gjør at vi ønsker oss alt det som andre har.

Dessuten vil vi gjerne ha *mer* enn det andre har, eller aller helst det som andre ikke har, slik at vi kan føle oss bedre enn andre og tilfredsstille oss selv. Dette er grunnen til at behovet for eksistens hos mennesket kalles "ego", "behovet for å nyte", eller "ønsket om å få glede og velbehag". Kabbalister refererer til dette behovet som "ønsket om å få".

Rabbi Yehuda Ashlag, kjent som Baal HaSulam, sier det slik: "Ønsket om å få er hele grunnlaget til skapelsen, fra begynnelsen til slutten. Derfor er alle skapninger og hendelser, og måten de oppfører og utvikler seg på både i fortid, nåtid og framtid, bare et mål på og endringer i ønsket om å få".

Mennesket er ikke bare en noe mer utviklet skapning, men er også fundamentalt forskjellig fra det bevegelige nivået. Ved fødselen er et menneske totalt hjelpeløst, men etter hvert som vi vokser til hever vi oss over alle andre skapninger. Forskjellen på en nyfødt kalv og en voksen okse måles hovedsakelig etter størrelsen, ikke av hvor kloke de er. Et menneskebarn er på den andre siden maktesløst og totalt hjelpeløst, og vil gradvis vokse og utvikle seg etter hvert som årene går.

På denne måten er utviklingen hos et ungt dyr veldig forskjellig fra den hos et lite barn. Et gammelt ordtak fra Babylon uttrykker det slik: "En dagsgammel kalv kalles en okse". Det betyr at så snart en kalv er født, er den å betrakte som en okse fordi den ikke vil tilegne seg vesentlig flere egenskaper etter hvert som den vokser.

Mennesket trenger på den annen side flere år på å utvikle seg, og skiller seg slik fra de andre skapningene. Et nyfødt barn har ikke mange behov, men etter hvert som det vokser, øker og utvikler ønsket om å ta imot seg enormt. Når et nytt ønske oppstår, dukker det også opp nye behov som mennesket føler seg tvunget til å tilfredsstille. Vi prøver stadig å finne nye måter å tilfredsstille behovene våre på, og hjernen vår utvikler seg stadig under jakten på den beste metoden. Utviklingen av hjernens intellekt og forståelse er slik en konsekvens av et økende ønske om å nyte.

Ved å se på hvordan vi oppdrar barna våre, kan vi forstå hvordan dette prinsippet fungerer. For å stimulere utviklingen lager vi utfordrende spill til dem. Barnas behov for å lykkes i spillet, lærer dem nye måter å leke på for å gjøre utviklingen deres lettere. Av og til lager vi også spillene mer vanskelige for å avhjelpe og videreutvikle framgangen deres. Så med mindre man føler at noe mangler, vil det derfor ikke være mulig å utvikle seg. Det er bare når vi har et ønske om noe at vi begynner å aktivisere intellektet og tenke etter hvordan vi kan tilfredsstille behovene våre.

Det faktum at mennesket består av både intellekt og følelser, gjør at ønsket om å få øker. Dette kan forklares med at sinnet og hjertet utfyller hverandre, og øker evnen vår til å oppfatte det som kan gi oss glede. Derfor er ikke viljestyrken vår begrenset av tid eller sted. Vi kan for eksempel ikke føle hendelser som skjedde for ett tusen år siden, men vi kan forstå hendelser fra fortiden og dette kompenserer for vår manglende evne til å føle dem. Ved hjelp av intellektet, kan vi forestille oss hendelsene og på en slik måte oppleve dem.

Det motsatte er også mulig. For eksempel kan vi føle noe, og ønske å vite om dette vil påvirke oss i positiv eller negativ forstand. Vi kan da analysere situasjonen ved hjelp av intellektet, og la det bli en del av følelsen vi har for objektet. På denne måten bidrar hjertet og hjernen til at vi utvider vår oppfattelse av tid og sted, inntil grensene mellom dem forsvinner. En person som lever i en bestemt tid eller på et bestemt sted vil kanskje forsøke å etterligne oppførselen til en skikkelse han eller hun har hørt om, selv om den man beundrer er langt borte når det gjelder tid eller avstand. Det er på grunn av dette at folk av og til ønsker å bli som store historiske skikkelser.

Om ønsket vårt om å ta imot er tilfredsstilt, føler vi det som glede. Når vi ikke klarer å tilfredsstille ønskene våre, føler vi tomhet, frustrasjon og til og med lidelse. Lykken vår er derfor avhengig av om vi oppnår en tilfredsstillelse av behovene våre eller ikke. Enhver handling vi utfører, fra den enkleste, lille bevegelse til den mest komplekse av dem alle, utføres kun med ett mål i sikte: økt glede eller mindre smerte. Faktisk er dette to sider av samme sak.

Baal HaSulam sier i sitt essay *The Peace*: "Det er velkjent for naturforskere at man ikke kan utføre selv den minste bevegelse uten en bakenforliggende motivasjon, det vil si uten at det på en eller annen måte gagner en selv. Når man for eksempel beveger armen sin fra stolen til bordet, er det fordi man tror at man vil oppnå større glede ved å legge armen på bordet. Hvis man ikke tenkte slik, ville man la hånden ligge på bordet resten av livet uten å bevege den så mye som en tomme, og det med den største glede".

Det at mennesket er unikt sammenlignet med resten av naturen, kommer ikke bare av kraften og kvaliteten på behovene. Grunnen ligger også i at menneskets behov stadig øker og forandrer seg, både gjennom livet til den enkelte og gjennom generasjoner. Dersom man undersøker andre arters evolusjonshistorie, for eksempel primater, finner man indikasjoner på at primatene flere tusen år tilbake i tid var nesten identiske med de som lever i dag. Primater endrer seg likevel slik som ethvert annet element i naturen, men dette er kun biologiske endringer på samme måte som geologiske endringer skjer i mineraler. Mennesket har derimot endret seg betydelig gjennom tidene.

UTVIKLINGEN AV MENNESKETS BEHOV FOR NYTELSE

Utviklingen av menneskets behov for nytelse er årsaken til at menneskene alltid har hatt et konstant behov for framgang, nyskaping og å oppdage nye ting. Et sterkere ønske fører til større behov, og dette skaper igjen større intellekt og flere oppfattelsesegenskaper. Når ønsket om å ta imot vokste, førte det til at menneskeheten utviklet seg på følgende måte:

Ønsket om nytelse viste seg først og fremst gjennom fysiske behov, slik som behov for overlevelse, reproduksjon og familie. Disse behovene har eksistert siden menneskehetens spede begynnelse. Siden menneskene er sosiale vesen, utviklet det seg flere behov i oss, og disse blir kalt "menneskelige behov" eller "sosiale behov". Eksempler på dette er velstand, ære, makt og berømmelse. Skapelsen av sosiale behov endret menneskehetens ansikt, og sosiale klasser og hierarkiske systemer ble innført. Dette ledet igjen til endringer i de sosialøkonomiske strukturene.

Som følge av denne utviklingen, dukket det opp behov for å ha kunnskap. Vitenskapsutviklingen, oppbyggingen av utdannelsessystemer og kultur er klare følger av dette kunnskapsbehovet. Vi kan finne de første sporene av denne utviklingen under renessansen, og den fortsatte gjennom den industrielle og vitenskapelige revolusjonen helt fram til i dag.

Framveksten av opplysningssamfunnet og sekulariseringen av samfunnet er konkrete resultater av behovet for kunnskap. I dette behovet ligger det at menneskene ønsker svar på alt som eksisterer rundt dem. Derfor søker man mer og mer informasjon, og man ønsker å studere og kontrollere alt.

Om vi studerer menneskets utvikling innen kultur, utdannelse, vitenskap og teknologi med tanke på behovene som ligger bak og styrer samtlige prosesser, kan vi konkludere med at utviklingen av behovene også skapte alle ideene, oppfinnelsene og nyskapingene våre. Alt dette er kun "tekniske" verktøy, eller "tjenere" som har blitt utviklet for å tilfredsstille ønskene som disse behovene har skapt.

Behovsutviklingen har ikke bare styrt hele den menneskelige historien, men også fulgt samme mønster i våre privatliv. Disse behovene finnes i utallige kombinasjoner og ligger i oss alle, og styrer retningen livene våre tar.

Den indre motoren som driver oss videre og som påvirker prosessene som finner sted i samfunnet blant menneskene, er kun *vårt behov for nytelse*. Utviklingen av ønskene våre er uendelig, og skaper vår nåtid og framtid.

2

Nytelsens begrensninger

Oscar Wilde
Lady Windermere's Fan

Om vi ser nærmere på nytelsen vi får gjennom kunnskap, makt, ære, velstand, mat eller sex, vil vi oppdage at man i alle disse tilfellene opplever den største nytelsen i møtepunktet mellom ønsket og tilfredsstillelsen. I det øyeblikket vi begynner å oppfylle ønskene våre, vil nytelsen avta.

Nytelse eller oppfyllelse av ønsker varer av og til et par minutter, timer eller dager, men forsvinner alltid. Selv om vi bruker årevis på å oppnå noe vi ønsker oss, som for eksempel en ettertraktet jobb, så vil vi miste gleden av den så snart vi har realisert ønsket. Det er tydeligvis slik at nytelsen ved oppfyllelse av ønsket også gjør at den går over.

Det er til og med slik at når man opplever nytelse som resultat av behov som blir oppfylt og den så forsvinner igjen, så blir det bygget opp et ønske om nytelse i oss som er dobbelt så sterkt som det opprinnelige ønsket. Det som tilfredsstiller oss i dag, er med andre ord ikke nok for å tilfredsstille oss i morgen. Vi vil ha mer og mer, og enda litt til. Slik har det seg at det å tilfredsstille behovene våre faktisk er med på å øke dem, og det presser oss til å gjøre enda større anstrengelser for å tilfredsstille dem igjen.

Når ønsket om å oppnå noe avtar, vil også ønsket om liv og vitalitet reduseres. Slik skaper det menneskelige samfunnet hele tiden nye behov for hvert enkelt menneske, og dette gir oss en slags mening med livet i stadig nye, flyktige øyeblikk. Likevel blir vi om og om igjen tilfredsstilte for kun en kort periode, og sitter deretter igjen med en større og større følelse av tomhet, og frustrasjonen blir bare sterkere og sterkere.

Dagens samfunn oppfordrer oss til å kreve mer og mer, og å kjøpe oss alt mulig selv om vi ikke har midler til dette. Aggressiv markedsføring, behov for å nå visse sosiale standarder og kredittilbud som stadig blir presentert for oss, lokker oss til å bruke mye mer penger enn vi faktisk tjener.

Vi opplever likevel at så snart vi har skaffet oss noe nytt, forsvinner gleden over nyanskaffelsen like snart som den kom. Man kjenner det som om man aldri fikk oppleve den, selv om nedbetalingene blir stående som en påminnelse i årevis. I disse tilfellene vil ikke skuffelsen av innkjøpet bli glemt over tid, men den vil tvert imot øke i stedet.

Velstand gjør oss heller ikke lykkelige. Ny forskning ledet av professor Daniel Kahneman avslører at det er et stort gap mellom "vanlige menneskers" vurderinger av effekten av sammenhengen mellom velstand og fysisk påvirkning på eget humør, og den faktiske virkningen som resultatene av undersøkelsen viste. Studien undersøkte menneskers humør fra dag til dag, og fant ingen betydelig forskjell mellom rik og fattig.

Man fant tvert imot ut at negative humørsvinginger (sinne og fiendtlighet) var mer vanlig blant rike mennesker. En av forklaringene på fraværet av en sterkere sammenheng mellom velstand og hverdagshumør, er at vi fort venner oss til komfort og økt levestandard og dermed ønsker vi oss enda mer.

Vi kan oppsummere grensene for behovene for nytelse med ordene til Baal HaSulam: "Denne verden er skapt med et ønske om å få, og samtidig med en tomhet for overflod av goder. For å oppnå goder, må man bevege seg. Det er likevel allmenn kjent at mye bevegelse plager mennesker, samtidig som det er umulig å klare seg uten eiendeler og goder. Derfor velger vi konsekvent smerten ved bevegelse for å oppnå noe vi ønsker oss. Siden alle goder kun er for en selv, og "den som har én porsjon ønsker seg en dobbel porsjon", så dør man til slutt med "halve ønsket i hånden". Etter hvert lider man fra begge sider: fra smerten på grunn av økningen i bevegelser, og av fortvilelse fordi man ikke har oppnådd godene man trenger for å fylle den tomme halvdelen."

Videre betyr dette at behovet for nytelse helt klart plasserer oss i en vanskelig situasjon. På den ene siden øker behovene våre konstant, og på den andre siden vil det å oppfylle ønskene koste så mye når det gjelder innsats og handling at det bare vil føre til kortvarig tilfredsstillelse. Dette gjør at vi føler oss dobbelt så tunge.

VI LURER ØNSKET OM NYTELSE

Opp gjennom tidene har mennesket utviklet ulike metoder for å håndtere det at man ikke klarte å tilfredsstille ønsket om nytelse. De fleste metodene er basert på to prinsipper som egentlig handler om å "lure" ønsket om nytelse:

1) skape tilfredsstillende vaner, og

2) undertrykke ønsket om nytelse.

Det første prinsippet handler om å skape seg vaner gjennom visse betingelser og kompensasjoner. Først lærer man et barn at visse handlinger fører til belønninger. Så snart barnet utfører en riktig handling, blir det belønnet gjennom å få bekreftelse fra sine lærere og omgivelser. Etter hvert som barnet blir større, stopper kompensasjonen gradvis, men handlingen er "lagret" i en voksen persons hjerne som "belønningsverdig".

Så snart personen blir vant til å utføre visse handlinger, blir selve handlingen tilfredsstillende. Deretter går man omhyggelig inn i selve utføringen av handlingen, og opplever stor glede når man klarer å forbedre den. Disse *modus operandi* blir vanligvis etterfulgt av lovnader om belønninger for framtiden, og i enkelte tilfeller til og med etter at man er død.

Det andre prinsippet er basert på å redusere ønsket om nytelse. Man opplever ofte at det er mye vanskeligere å ønske seg noe som man ikke får, enn det å ikke ha ønsker i det hele tatt. Den første vil lide, mens den andre er "fornøyd" og slår seg til ro med det som er tilgjengelig. Østens tankesett har utviklet disse metodene til det ekstreme, og har i dag en mengde varierte måter å redusere intensiteten av ønsket om nytelse på. De benytter mentale og fysiske øvelser for å oppnå dette, og reduserer slik intensiteten av lidelsen.

Så lenge vi holder oss i aktivitet gjennom å lete etter den neste nytelsen, opprettholder vi våre daglige rutiner og håper på det beste. Vi føler misnøye fordi vi ikke får det vi ønsker oss, men samtidig blir jakten på den ønskede nytelsen ofte et akseptabelt substitutt for selve tilfredsstillelsen av ønsket. Jakten får oss til å føle oss levende fordi vi stadig finner nye mål og ønsker som vi streber etter, og vi håper på å bli tilfredsstilt gjennom å oppnå dem, eller i det minste gjennom arbeidet med å oppnå dem.

Til nå kan det se ut til at vi har brukt disse metodene på en klok måte. Siden ønsket om nytelse bare øker og øker, blir disse løsningene likevel mindre og mindre effektive. Den økende egoismen blant mennesker tillater ikke lenger at vi underlegger oss falske løsninger eller at vi demper ønskene. Dette er tydelig på alle områder i livet, helt fra det personlige plan til verdensnivå.

Et eksempel som tydelig viser intensiveringen av egoet, er forfallet av familien som institusjon. Familierelasjoner generelt, og spesielt mellom mann og kvinne, er det første som rammes når egoismen øker, siden våre ektefeller er de som er nærmest oss. Et økende ego gjør det vanskelig for oss å tilhøre en familie eller hverandre.

Tidligere var familieinstitusjonen skjermet fra kriser, og den stod fast som en klippe. Når det oppstod problemer i verden, reiste vi ut og kjempet. Om vi hadde problemer med naboene våre, kunne vi alltid flytte til et annet sted. Familiekjernen var likevel alltid en trygg havn å komme hjem til.

Selv om vi ikke alltid hadde lyst til å bli i familien, ble vi likevel værende på grunn av barn eller foreldre som trengte stell. I dag har egoet blitt så stort at vi ikke tar hensyn til noe lenger. Den enorme veksten i antall skilsmisser og aleneforsørgere bekrefter dette, på tross av de store problemene de skaper for barna. Senere tids økning i tallet på gamle- og sykehjem, noe som var utenkelig som institusjon tidligere, er et annet bevis på hvordan familien går i oppløsning.

Forsterkningen av egoet har globale effekter også. Disse konsekvensene famner bredt, og setter oss i en helt ny situasjon: På den ene siden viser globaliseringen oss hvor knyttet vi er til hverandre når det gjelder økonomi, kultur, vitenskap, utdannelse og så videre. På den andre siden har egoene våre utviklet seg så til de grader at vi ikke utstår hverandre.

Vi har jo faktisk alltid vært individuelle enheter i et helhetlig system. Helt fram til i dag har vi likevel ikke vært klar over dette. Naturen viser dette gjennom to synkroniserte krefter: Det finnes en sammenføyende kraft som forener oss alle til ett, og en avvisende kraft som skyver oss lengre og lengre fra hverandre. Disse to kreftene begynner å tre mer og mer fram, og vi begynner å innse hvor sammenknyttet vi er. Samtidig stritter vi imot denne avhengigheten på grunn av våre økende egoer. Om vi ikke snart endrer vår økende intoleranse og fiendtlighet oss i mellom, vil vi til slutt ødelegge hverandre.

Baal HaSulam advarte mot denne faren for lenge siden. Før han døde, forklarte han at om vi ikke tok en skarp sving bort fra den egoistiske retningen, ville vi oppleve både en tredje og fjerde verdenskrig. Han påpekte dessuten at dette til og med kunne bli atomkriger som ville resultere i utryddelse av store deler av verdens befolkning.

Albert Einstein uttrykte en lignende spådom i et telegram datert 24. mai 1946: "Atomets frigjorte kraft har endret alt utenom våre tankemønster, og derfor styrer vi nå mot en katastrofe uten sidestykke". I dag ser det dessverre ut til at deres ord er mer aktuelle enn noensinne.

Opp gjennom tidene har vi trodd at framtiden ville bringe forbedringer, at vitenskapen, teknologien, kulturen og utdannelsen skulle utvikle seg, og at dette ville være med på å gjøre livene våre bedre og oss selv lykkelige. Spaceship Earth, en attraksjon i Disney Worlds Epcot Center i Orlando som ble bygget på begynnelsen av 1980-tallet, er et eksempel som tydelig vitner om denne holdningen. Her blir besøkende guidet gjennom ulike holdeplasser som viser historiens viktigste kjennetegn innen utviklingen av menneskeheten.

Turen starter med forhistoriske helleristninger i huler, og fortsetter via alle gjennombruddene i den menneskelige utviklingen, for eksempel da vi begynte å bruke papir og tre. Det hele ender med menneskets erobring av verdensrommet. Attraksjonen er skapt etter den ledende tankegangen på den tiden, og er derfor laget som et ode til mennesket. Menneskets historie er presentert som en stødig kurs mot evig lykke, og med en holdning som sier: "Det kommer til å skje i morgen, og om ikke i morgen så vil det skje dagen etter. Om ikke våre barn vil få oppleve det, så vil våre barnebarn få glede av det".

Få år senere er ikke denne optimistiske tankegangen gjeldende lenger. Vi har i dag alt vi bare kunne drømme om for hundre år siden: uendelige valgmuligheter for avkobling, reiser, hvile og sport. Listen er endeløs, og likevel har vi ikke lenger tro på en bedre framtid. Det tidligere rosenrøde bildet har endret seg til et tungt mørke, ledet av økning i selvmordsstatistikken, vold, terror, økologiske tragedier og ikke minst sosial, økonomisk og politisk ustabilitet.

Vi står ved et vendepunkt der vi begynner å få beina ned på jorden igjen, og ser at en lysende framtid ikke lenger gir seg selv. I stedet er det mer og mer sannsynlig at barna våre ikke vil få like gode liv som oss. På tross av alt vi har utviklet, ser vi nå at vi likevel ikke har lykkes med å skape varig lykke og dette gir oss en følelse av krise på både individuelt og globalt nivå.

Dette er uttrykk for hjelpeløsheten vi føler, da vi ikke vet hvordan vi skal tilfredsstille vårt ønske om nytelse. Egoene våre har vokst til et punkt der ingenting av det vi kjenner til vil kunne tilfredsstille dem.

Et typisk tegn på håpløsheten vi føler, er de unges holdning til livet. Mange unge mennesker betrakter livet svært annerledes enn foreldrene deres gjorde på samme alder. De har hele verden foran seg med uendelige alternativer for suksess og selvrealisering, og likevel har flere og flere unge mennesker mistet interessen for disse mulighetene. Det virker som om ungdommer i dag ikke har interesse av å realisere sitt store potensial. De ser ut til allerede å forstå at når alt kommer til alt, så vil det hele være meningsløst.

De ser også at de voksne rundt dem som har oppnådd så mye, likevel ikke er lykkelige. Når de ser dette, øker det ikke akkurat deres lyst til å jobbe! Det er vanskelig for foreldre å forstå hvorfor det er slik, for da de var unge var de helt annerledes. Siden hver generasjon fører med seg erfaringer og skuffelser fra tidligere generasjoner, er denne holdningen blant de unge i dag et helt naturlig utfall.

Til nå har vi ikke funnet en løsning på vår situasjon. Vi vil ikke klare å se hvor vi tar feil før vi lærer oss hva som er de grunnleggende naturkreftene, de som styrer alle levende organismer og hele naturen. For å ha et meningsfylt, trygt og fredfullt liv, må vi vite hva som er den perfekte metoden for å tilfredsstille ønsket om nytelse, nemlig egoet.

3

Altruisme er livets lov

Når vi studerer naturen, oppdager vi fenomenet altruisme. Ordet *altruisme* kommer fra det latinske ordet *alter* som betyr andre. Den franske filosofen Auguste Comte som levde på 1800-tallet, definerte altruisme som *det motsatte av egoisme*. Andre vanlige definisjoner av altruisme er *kjærlighet for andre, å hengi seg selv til andre, overdreven sjenerøsitet, forkjærlighet for å bidra til det beste for andre* og *ikke-egoistisk omsorg for andre.*

Akkurat som egoisme, er altruisme et uttrykk som ikke passer til andre skapninger enn mennesket. Dette er fordi konsepter som "intensjon" og "fri vilje" kun kan relateres til mennesket som rase. Andre skapninger har ingen frihet til å velge. Handlinger som å gi og å ta imot, hente ut det man trenger og gi tilbake så mye man kan, jakt og selvoppofrelse ligger allerede i de genetiske kodene til dyrene. Her vil vi likevel "låne" disse begrepene, og bruke dem med respekt for dyrene slik at vi lettere kan forklare naturens lover og finne konklusjoner for menneskene.

Ved første øyekast virker det som om naturen består av en gjeng egoister der kun den sterkeste overlever. Dette har ført til at forskere har utviklet varierte teorier som forklarer dyrs direkte og indirekte motiver for å oppføre seg altruistisk. Mer detaljert forskning med et bredere perspektiv, avslører likevel at hver kamp og konfrontasjon faktisk øker balansen i naturen og den gjensidige støtten for overlevelse. Disse kampene gjør at naturen blir sunn og frisk, og fører til en bedre utvikling hos naturens skapninger.

Et annet eksempel på balansen i naturen finner man fra tidlig på 1990-tallet, da regjeringen i Nord-Korea bestemte seg for å kvitte seg med alle villkattene som hadde blitt en plage for landet. Noen uker etter utryddelsen av store deler av villkattbestanden, ble det en økning i antallet mus, rotter og slanger. Nord-Korea måtte til slutt importere katter fra nabolandene for å korrigere ubalansen.

Ulver er et annet klassisk eksempel. Vi er vant til å se på ulver som ubarmhjertige og farlige dyr. Da ulvebestanden minket, så man klart deres bidrag til å holde hjort, villsvin og gnagere i balanse. Det viser seg at ulvene, i motsetning til menneskene som foretrekker å jakte på friske og sterke dyr, først og fremst jakter på syke og svake dyr, og slik bidrar til å styrke helsen til alle dyrene i området.

Jo mer vitenskapens forskning utvikler seg, jo mer forstår vi at alle delene i naturen er knyttet sammen i ett eneste helhetlig og omfattende system. Om vi overfører våre egne følelser til naturens fenomener, føler vi ofte at naturen kan være ubarmhjertig. I realiteten er det slik at en skapning i naturen er med på å garantere harmoni og sunnhet til hele det kollektive systemet. I vår egen kropp er det faktisk slik at milliarder av celler dør hvert eneste minutt, mens andre blir skapt. Videreføringen av liv er avhengig av akkurat dette prinsippet.

HARMONI BLANT CELLER I EN LEVENDE ORGANISME

Innenfor hver eneste flercellede organisme, skjer det et fascinerende fenomen. Om vi undersøker hver celle som en enkel enhet, ser vi at den enkelte celle fungerer egoistisk og kun tenker på seg selv. Om vi derimot undersøker den som en del av et større system, vil vi legge merke til at det ser ut til at cellen kun tar til seg et minimum av det som er nødvendig for egen overlevelse, mens den investerer størstedelen av aktiviteten sin mot resten av kroppen. Den oppfører seg som en altruist, og "tenker" kun på kroppens beste og handler deretter.

Kroppen er avhengig av en slik helhetlig harmoni blant alle cellene for å fungere skikkelig. Kjernen i hver eneste celle inneholder en genetisk kode som omfatter informasjon om hele kroppen. Teoretisk sett betyr dette at den inneholder all informasjon som er nødvendig for å kunne skape hele kroppen på nytt.

Hver enkelt celle må være bevisst på hele kroppen. Den må vite hva kroppen trenger, og hva den kan gjøre for den. Om det ikke fungerte slik, ville ikke kroppen kunne overleve. En celle i en kropp eksisterer i en slags tilstand av "bevissthet" om kroppen som helhet. Alle handlingene til cellen, fra begynnelsen til slutten på delingene, spesifikasjonen av cellene og bevegelsen mot sin plass i kroppen, utfolder seg i overensstemmelse med hva kroppen trenger.

SAMHOLD SKAPER LIV PÅ ET HØYERE NIVÅ

Selv om alle cellene i kroppen vår inneholder den samme genetiske informasjonen, så leder hver enkelt celle forskjellige deler av denne informasjonen ut til handling, alt etter plassen og funksjonaliteten den har i systemet. I et foster som kun er i sin første utviklingsfase, vil alle cellene være identiske. Når fosteret utvikler seg videre, begynner cellene å dele seg og hver celle oppnår spesielle kvaliteter.

Hver celle har derfor sin egen "hjerne" og "bevissthet". Det altruistiske samholdet mellom cellene gjør det mulig for dem å skape et nytt menneske. Dermed former de til sammen en hel kropp der hjernen og bevisstheten ikke er til stede i den enkelte celle, men tilhører et høyere nivå gjennom samarbeidet dem imellom.

EN EGOISTISK CELLE ER EN KREFTCELLE

Friske celler er bundet av et bredt spekter av regler og avgrensinger. Kreftceller derimot, tar ingen hensyn til sine omgivelser. Kreft er en tilstand der kroppen er overtatt av sine egne celler, og disse cellene har satt i gang en ustoppelig spredningsprosess. Når de formerer seg, vil kreftcellene dele seg ubarmhjertig, uavhengig av behovene til miljøet og helt uten respons på kroppens kommandoer.

Kreftceller ødelegger sine omgivelser, og skaper dermed åpne rom rundt seg slik at de kan vokse seg enda større. De driver de nærliggende blodkarene til å vokse inn i svulsten for å gi de næring, og den legger hele kroppen under seg.

Kort fortalt er det slik at kreftcellene forårsaker kroppens død gjennom egoistiske handlinger. De oppfører seg slik på tross av at dette ikke gir dem noen fordeler selv. Det er heller motsatt, siden kroppens død også betyr at cellene som dreper den vil dø. Måten kreftceller tar over vertskroppen på, fører dem mot deres egen undergang. Det er derfor slik at når egoisme nærer seg selv, så fører det også alt annet med seg i døden, inkludert egoet selv. Egoistisk oppførsel og generell ubevissthet mot hele kroppens behov, leder direkte mot egen undergang.

INDIVIDET VERSUS FELLESSKAPET

I en frisk kropp "ofrer" cellene sitt eget liv til fordel for kroppen om det er nødvendig. Når genetiske feil oppstår i cellene, noe som kan gjøre dem om til kreftceller, aktiverer cellen en mekanisme som gjør at den utsletter seg selv. Redselen for at den kan bli en kreftcelle og risikere å sette hele kroppens liv på spill, gjør at cellen ofrer sitt eget liv for at kroppen skal få leve videre.

Vi finner en lignende altruistisk handling i måten celleslim *(Dictyostelium mucoroides)* formerer seg på, selv om den finner sted under helt andre vilkår. Under ideelle forhold, lever celleslim i form av separate celler som holder seg i live selv med egen næring og som formerer seg uavhengig. Når det er lite mat, vil cellene derimot slå seg sammen og skape en flercellet kropp. For å bygge denne kroppen, vil noen av cellene gi slipp på sitt eget liv for å fremme overlevelsen av andre celler.

Å HJELPE ANDRE

Primatforskeren Frans de Waal viser til mange eksempler på altruisme fra naturen i boken sin *Good Natured*. I et av eksperimentene han beskriver, ble to aper skilt fra hverandre ved hjelp av en gjennomsiktig skillevegg slik at det var mulig for dem å se hverandre. De ble foret til forskjellige tider, og apekattene prøvde da å dele maten med hverandre gjennom den gjennomsiktige skilleveggen.

Observasjoner avslørte at apekatter har en tendens til å øke sin oppmerksomhet mot hverandre, og ha omsorg for hverandre om en av dem blir skadet eller handikappet. En hunnape som ikke kunne gå, overlevde for eksempel gjennom to tiår i et tøft klima, og oppdro fem etterkommere takket være assistansen som ble gitt til henne fra de andre apene.

En annen hunnape som var mentalt og fysisk tilbakestående, overlevde takket være støtten fra sin eldre søster. Hun beskyttet henne, og dro henne lenge med seg på ryggen. Andre eksempler er en hunnape som mistet synet, og som ble gitt spesiell oppmerksomhet av hannapene. En hannbavian stod trofast ved siden av sin syke bror da han fikk et epileptisk anfall. Han holdt hånden på brorens bryst, samtidig som han bestemt holdt dyrepasserne som ønsket å undersøke han unna.

Andre dyr viser lignende oppførsel. Delfiner støtter sine sårede venner, og holder dem nær vannoverflaten for å hindre at de drukner. Elefanter er blitt observert mens de prøvde å hjelpe en av sine egne som hadde satt seg fast i sanden og som lå for døden. De prøvde så godt de kunne å dra elefanten opp ved å dytte snablene og støttennene sine under kroppen hans. Noen av dem knakk til og med støttennene sine i prosessen. Vi kan også nevne at flokken til en hunnelefant som var blitt truffet av et skudd i lungene fra en snikskytter, bøyde seg under henne for å støtte henne og for å hindre henne i å falle.

ET FELLES SAMFUNN BLANT DYRENE

Dyrenes verden presenterer noen oppsiktsvekkende eksempler på kollektive samfunn der hvert eneste element jobber til det beste for helheten. Eksempler på slike samfunn omfatter blant annet maur, pattedyr og fugler.

Biologene Avishag og Amotz Zahavi forsket på fellesskapet til araberskrikefuglen, en sangfugl som det finnes mange av i de øde landområdene i Midtøsten, og de beskrev mange altruistiske fenomener. Fuglene lever sammen i flokker, samarbeider om å forsvare sitt territorium og bidrar alle til stell av fellesredet som de lager sammen. Når fuglene spiser, blir noen igjen for å passe på flokken som helhet, på tross av at de selv også er veldig sultne. Skrikefugler som finner mat, tilbyr den til sine venner før de selv er mette. De mater de yngre medlemmene i flokken, og passer på hvert eneste behov de måtte ha. Når et rovdyr nærmer seg, roper fuglene ut et faresignal som advarer flokken, selv om de risikerer å sette seg selv i fare ved å gi seg til kjenne. De ofrer slik gjerne seg selv for å redde andre medlemmer som er truet.

GJENSIDIG AVHENGIGHET

Vitenskapelig forskning har funnet tallrike eksempler på gjensidig avhengighet. Et av eksemplene dreier seg om Yucca-planten palmelilje som har et symbiotisk (gjensidig avhengig) forhold til sommerfuglarten knoppmøll. Hunnene hjelper til med å bestøve blomsten gjennom å overføre støv fra støvbæreren til en av blomstene. De plasserer støvet nøyaktig i arret til en annen blomst, og deretter legger de eggene sine der blomsterfrøene til planten utvikler seg. Når larven klekkes ut, finner den derfor mat fra de voksende spirene til palmeliljen. Den lar likevel nok spirer være igjen slik at den sikrer at planten overlever og formerer seg videre. Ved å opprettholde et slikt forhold, kan både planten og møllen sikre videreføringen av egne arter.

INGEN FATTIGDOM ELLER MANGLER

I et essay fra 2002 forklarer professor Theodore C. Bergstrom at i samfunn der det ikke finnes mennesker, vil dyrene leve på en måte som er til det beste for omgivelsene. De følger ikke loven om at "kun den sterkeste overlever" slik vi er lært opp til å tro. I et slikt samfunn opprettholder dyrene en balansert eksistens, og populasjonen er alltid tilpasset gjeldende levekår. Det er aldri mangler eller begrensinger i noen deler av befolkningen, bortsett fra om det inntrer en "ulykke", som dyrenes verden igjen korrigerer så snart som mulig. Samfunnet opprettholdes på en måte som plasserer hvert av elementene i perfekte forhold for overlevelse, og gir optimal utnyttelse av omgivelsenes ressurser.

I NATUREN STYRER ALT MOT SAMHOLD

Naturens utvikling viser at prosessen som snur verden om til en global landsby, ikke er tilfeldig. Den er heller et naturlig skritt på veien der sivilisasjonen utvikler seg mot omfattende harmoni.

I følge utviklingsbiologen Elisabet Sahtouris vil det til slutt bli ett system der de ulike delene vil være gjensidig avhengige av hverandre ved å knytte seg sammen og samarbeide. I et foredrag hun holdt i Tokyo i 2005, forklarte Sahtouris at evolusjonen er sammensatt av faser av individualisering, konflikter og konkurranse. Mot slutten av disse fasene, vil elementene føres mot hverandre til ett helhetlig og harmonisk system.

Hun viser til evolusjonsprosessen til livet på jorden som eksempel. For milliarder av år siden var jorden bebodd av bakterier. Bakteriene formerte seg raskt og begynte å kjempe om naturens ressurser, slik som mat og territorium. Konsekvensen ble at en ny helhet, en bakteriekoloni, ble skapt, og denne var bedre skodd mot de omkringliggende faktorene.

En bakterie er faktisk et samfunn av bakterier som fungerer som en eneste organisme. Gjennom disse reglene begynte encellede skapninger å utvikle seg, og ble til flercellede skapninger. De omfattet til slutt komplekse skapninger som planter, dyr og mennesker.

Hvert element har en personlig og en egoistisk interesse: Grunnideen i naturen er likevel at ulike elementer med personlige interesser slår seg sammen til en helhetlig skapning, og jobber for fellesskapets interesser i den kroppen det gjelder. Sahtouris ser på prosessen som menneskeheten gjennomgår i dag som et nødvendig skritt for å kunne forme én felles menneskelig familie – et fellesskap som alle vil være avhengige av så lenge vi fungerer som sunne deler innenfor det.

Om vi gransker naturens elementer på detaljnivå, vil vi se at altruisme er selve grunnlaget for livet. Hver eneste levende organisme og hvert system inneholder en samling celler eller deler som samarbeider, utfyller hverandre og hjelper hverandre. De deler med hverandre og overlever ved å benytte seg av den altruistiske loven: "En for alle". Om vi graver oss enda dypere ned i naturen og dens funksjoner, vil vi finne flere og flere eksempler på naturens gjensidige samhold, og på at naturens grunnleggende lov er "altruistisk samhold blant egoistiske elementer".

Naturen skapte livet slik at hver eneste celle må oppføre seg altruistisk mot andre for å kunne bygge en levende kropp. Den har skapt en regelmessighet som gjør at livet som binder cellene og organene sammen til én levende kropp, er det altruistiske forholdet som eksisterer mellom dem. Resultatet blir derfor at kraften som skaper og opprettholder liv er altruistisk, og at dette er kraften som gir og deler. Målet er å skape liv basert på altruistisk, harmonisk og balansert eksistens mellom alle elementene.

4

Brudd på balansen

Kjære menneske!
Søk ikke lenger etter hvem som skaper alt det onde,
det kommer nemlig fra deg selv.
Jean Jacques Rousseau,
The Creed of a Savoyard Priest

Mennesket er det mest ubarmhjertige dyret.
Friedrich Nietsche, Slik talte Zarathustra

Mennesket er det eneste dyret som rødmer,
og som har grunn til det.
Mark Twain, Following the Equator

Alle elementene i naturen, bortsett fra det menneskelige egoet, opererer i henhold til den altruistiske loven. De er i balanse med sine omgivelser, og skaper harmoniske systemer. Når balansen blir brutt, begynner organismene å falle fra hverandre. Derfor er egenskapen med å kunne rekonstruere balansen en helt nødvendig bidragsfaktor for at liv i det hele tatt skal kunne eksistere.

Kroppen bruker faktisk hele sin beskyttende kraft på å opprettholde balansen. Når vi snakker om en sterk eller svak kropp, refererer vi til dens mulighet til å bevare sin balanse. Å opprettholde balanse krever at hvert eneste element handler på en altruistisk måte med hensyn til systemet det er en del av, og dette er grunnlaget for naturens forståelige harmoni og perfeksjon. Om ett av elementene ikke bøyer seg for livets altruistiske prinsipp, brytes balansen. Disse to uttrykkene, altruisme og balanse, er derfor knyttet sammen gjennom årsak og effekt.

Hos alle andre skapninger enn mennesket, finnes det en "balansert programvare" som gjør at alle handler ut i fra hva som er nødvendig for å opprettholde balansen til enhver tid. Andre skapninger vet alltid hva de skal gjøre, og kommer derfor ikke opp i situasjoner der de er usikre eller ukjent med hva de skal gjøre selv om de opplever nye omgivelser. De er ikke frie til å handle ut i fra egen vilje, og derfor er de helt klart ikke i stand til å endre naturens balanse. Mennesket er den eneste skapningen der denne balanserte programvaren ikke er installert.

Siden naturen ikke utruster oss med nok kunnskap eller instinkter fra fødselen av, er vi usikre på hva som er riktig måte å oppføre seg på i et menneskelig samfunn, det vil si hvordan vi kan finne balansen med menneskene rundt oss. Den balanserte tilstanden er også den lykke-ligste, da dette er en perfekt tilstand der alt fungerer på en harmonisk måte, og uten behov for å skape motstand eller reise beskyttende murer.

Siden vi ikke er utstyrt med denne balanserte programvaren, går vår sosiale evolusjon i en egoistisk retning og effekten er blitt forsterket for hver generasjon som har kommet til. Måten mennesket prøver å tilfredsstille sitt ønske om nytelse på, tar derfor ikke hensyn til andres eksistens. Vi streber ikke etter å knytte oss til andre på en altruistisk måte, slik som resten av naturen gjør, og vi har derfor ikke fått erfart at det er på den måten vi kan finne den perfekte lykke som vi ønsker så sterkt.

Om vi tar en titt inn i oss selv, ser vi at vi bare tar hensyn til vår egen eksistens. Våre forhold til andre har kun som mål å bedre vår egen situasjon. For å bedre livene våre, om enn bare en smule, går vi med på å forholde oss til de vi ikke ønsker skal forsvinne helt for oss.

Ingen andre skapninger enn mennesket har muligheten til å ødelegge for sine omgivelser. Det er heller ingen andre skapninger som kan oppnå tilfredsstillelse ved å undertrykke andre, og å oppnå nytelse av andres sorger. En god leveregel sier at det er mye tryggere å gå ved siden av en velforsynt løve enn ved siden av et velforsynt menneske.

De egoistiske målene som har utviklet seg i oss fra generasjon til generasjon, ofte på andres bekostning, står i skarp kontrast til naturens grunnleggende mål: å gi hvert eneste element optimale levekår. Det er derfor menneskelig egoisme er den eneste skadelige kraften i verden, og den eneste kraften som får naturens helhetlige system ut av balanse.

I sitt essay *Peace in the World*, skriver Baal HaSulam: "Det alle mennesker på jorden har felles, er at hver og en står klar til å misbruke og utnytte alle andre mennesker til fordel for egen nytelse og med alle tilgjengelige midler. Dette skjer uten at man tar i betraktning at man blir nødt til å bygge seg selv på ruinene av sin venn". Han legger også til: "Et menneske (...) føler at det selv bør ha muligheten til å styre alle mennesker i hele verden, og til å benytte alle til sitt eget private bruk. Dette er en lov som ikke kan brytes, og den eneste forskjellen ligger i menneskenes valg. Én velger å utnytte andre mennesker for å oppnå lavere ønsker, og en annen ved å komme til makten. En tredje velger kanskje å skape seg respekt. Om man hadde hatt muligheten til å oppnå det uten for mye anstrengelse, ville mennesket gått med på å utnytte hele verden for å få oppfylt alle tre ønskene samtidig: rikdom, makt og respekt. Man er likevel tvunget til å velge med hensyn til egen evne og dyktighet.

Det er interessant å legge merke til at for å bane vei mot et fredfullt liv, må vi først sette oss grundig inn i vår egen egoistiske natur. Ifølge Baal HaSulam er det ingen som er skyld i at vår egoisme er økende, men dens utvikling er heller ingen tilfeldighet. Dette skjer for å vise oss hvor langt vi har fjernet oss fra den grunnleggende loven om virkeligheten, loven om altruisme, som er selve grunnlaget for våre liv, og for å sikre at vi korrigerer denne tilstanden.

Formålet med å øke egoet, er å gjøre oss oppmerksomme på den negative retningen egoene våre beveger seg i. Vi har egoer som bare vil ha for seg selv eller på andres bekostning, og de utvikler seg i dag i motsatt retning av naturens fullkomne kraft der egenskapen er altruisme, kjærlighet og det å kunne dele. Fra nå av vil vi omtale vår motsatte holdning til naturen som "ubalanse med naturen", eller kort og godt "ubalanse", og egenskapen til altruisme som "balanse med naturen".

HVA GIR OSS GLEDE?

Vi nevnte tidligere at ønskene våre er delt inn i to kategorier, fysisk-eksistensielle og sosialmenneskelige ønsker. Vi vil nå rette fokuset på de sosialmenneskelige ønskene for å forstå hva som skaper ubalanse i vårt forhold til andre.

Sosialmenneskelige ønsker er delt inn i tre hovedkategorier: ønsker om rikdom, ære eller kunnskap. Disse kategoriene symboliserer alle de ikke-fysiske ønskene som kan dukke opp i oss. De kalles "sosialmenneskelige ønsker" av to grunner: a) Dette er ønsker som man "tar opp i seg" fra miljøet rundt seg. Om vi bodde for oss selv, ville vi ikke ha hatt behov for disse tingene. b) Disse ønskene kan kun realiseres gjennom samfunnet.

Mer presist kan vi si at alt som er nødvendig for å leve blir kalt "fysisk", og alt utenom dette kalles "sosialmenneskelig". Vi bør legge merke til hvordan vi bruker hvert eneste ønske, og gjør det om til et behov som går utover det som er absolutt nødvendig for å overleve. Det er derfor slike ønsker utvikler seg i oss.

I hver og en av oss finner vi et variert utvalg av sosialmenneskelige ønsker, og dette utvalget forandrer seg gjennom livet. Én har kanskje et større behov for velstand, en annen for ære og en tredje for kunnskap. Hver og en av disse representerer en egen samling, eller et eget nivå, av ønsker.

•*RIKDOM* symboliserer ønsket om å eie og å ha. Det er et ønske om å eie hele verden slik at den blir "min".

•*ÆRE* er en høyere form for ønske. Man ønsker ikke lenger bare å "forsyne seg av alt" som et lite barn, men forstår at det finnes en stor verden utenom en selv. Om man har et slikt ønske, er man villig til å jobbe hele livet for å oppnå utenforståendes respekt, og en slik person er til og med villig til å betale for denne respekten.

Ønsket om penger er mer primitivt enn ønsket om ære. Det er et ønske om å ta for seg av alt, og å beholde det selv. Et ønske om ære derimot, har ikke interesse av å stenge andre ute. Man søker heller autoritet, makt over andre og andres respekt. Ære representerer menneskets ønske om å holde resten av verden atskilt fra en selv, samtidig som man nyter alles respekt.

•*KUNNSKAP* representerer et enda sterkere ønske om uavhengighet og overlegenhet enn ære. Det er et ønske om å oppnå viten, om å kjenne alle detaljer av virkeligheten for å forstå hvordan alt fungerer og hvordan naturen og menneskene kan manipuleres til egen nytte. Dette ønsket symboliserer menneskets ønske om å kontrollere og dominere alt gjennom hjernen.

Hvert eneste ønske utover de grunnleggende ønskene om å overleve, kommer til oss gjennom samfunnet vi lever i. Suksess eller fiasko i arbeidet med å lykkes i disse ønskene blir kun målt i henhold til vårt samfunn. Den tidligere nevnte undersøkelsen til professor Kahneman, avdekket at når mennesket blir bedt om å måle nivået av lykke som de opplever, svarer de først og fremst gjennom sosiale standarder.

Forskningen viste også at lykken vår i liten grad stammet fra det vi allerede har, og mer av å sammenligne situasjonen vår med naboens. Dette er også grunnen til at graden av lykkefølelse ikke øker selv om vi blir rike. Når vi tjener mer, sammenligner vi oss bare med rikere og rikere grupper.

Den eneste måten vi kan bestemme vår lykke eller ulykke på, er ved å sammenligne oss med andre. Når andre lykkes, blir vi misunnelige. Dypt inni oss, og noen ganger til og med helt åpenlyst, ønsker vi at andre skal mislykkes. Dette er en ukontrollert og automatisk reaksjon. Når andre mislykkes, gleder dette oss fordi det bedrer vår egen situasjon.

Menneskelig nytelse utover behovene som den fysiske kroppen trenger, avhenger av vårt forhold til andre. Det er ikke det vi oppnår i seg selv som gjør at vi opplever gode følelser, men heller det at det gir oss en følelse av overlegenhet overfor andre, sosial anerkjennelse og ut i fra dette også selvfølelse og makt til å kontrollere andre.

Denne egoistiske holdningen til andre skaper ubalanse og ulikheter mellom oss og den grunnleggende loven i naturen, den altruistiske loven. Våre egoistiske mål om å heve oss over andre, å nyte på bekostning av andre og å fjerne oss fra dem, er motsatt av den retningen naturen prøver å lede oss alle: mot det punktet der man oppnår altruistisk samhold. Derfor er egoisme årsaken til all lidelse.

Det er lover i naturen som påvirker oss selv om vi ikke kjenner til dem, og dette skjer fordi naturens lover er absolutte lover. Om man bryter en av disse lovene, vil ens avvik fra loven påvirke denne personen så sterkt at han eller hun vil bli tvunget til å følge loven likevel.

Vi kjenner allerede de fleste av naturens lover på det uorganiske, organiske og bevegelige nivået, også i våre egne kropper. Når det kommer til menneskelige forhold, tar vi grundig feil om vi tror at det ikke finnes lover som omfatter oss. Det er lagt opp slik at vi ikke kan forstå lover på et visst nivå så lenge vi befinner oss innenfor dem. Vi blir kun bevisste på disse lovene når vi opplever dem fra et høyere nivå. Det er derfor vi ikke klarer å se en klar sammenheng mellom egoistisk oppførsel mot andre, og negative fenomener i livene våre på vårt nåværende nivå.

RIKTIG MÅTE Å BRUKE EGOET PÅ

Selv om vi nå vet at egoet skaper ubalanse i naturen, betyr ikke dette at vi trenger å tilbakekalle det. Vi trenger bare å korrigere måten vi bruker det på. Opp gjennom historien har menneskeheten på flere måter forsøkt å utslette egoet, eller redusere det på en kunstig måte slik at man kunne oppnå likhet, kjærlighet og sosial rettferdighet. Revolusjoner og sosiale endringer har kommet og gått, men de har alle mislyktes siden balansen kun kan oppnås ved å sette sammen hele den mottakende kraften med hele den givende kraften.

I forrige kapittel så vi at det finnes en felles lov for alle levende organismer, nærmere bestemt en altruistisk forbindelse mellom egoistiske elementer. Disse to motsetningsforholdene, altruisme og egoisme (å gi og å ta imot), eksisterer i hver materie, skapning, fenomen og prosess.

På det materielle nivået, på det følelsesmessige nivået eller på et hvilket som helst annet nivå, vil du alltid finne to krefter, ikke bare én. De utfyller og balanserer hverandre, og manifesterer seg på mange ulike måter: som elektron og proton, som negative og positive ladninger, avvisning og tiltrekning, syre og base, hat og kjærlighet. Hvert eneste element i naturen opprettholder et gjensidig forhold til det systemet som støtter det, og disse forholdene består av å gi og å motta i en balanse.

Naturen prøver å lede oss mot perfeksjon og uendelig lykke, og den har i utgangspunktet utstyrt oss med et ønske om nytelse. Det er ikke behov for å utslette egoet, men vi trenger å korrigere det. For å si det på en annen måte: Vi må forandre måten vi bruker våre ønsker om nytelse på, og endre det fra en egoistisk til en altruistisk tilnærmingsmåte.

Den riktige utviklingen tar i bruk hele ønsket om nytelse i oss, men i den korrigerte formen. Siden egoet er vår natur, er det derfor helt umulig å handle imot det eller å prøve å undertrykke det til evig tid. Det vil være å gå imot naturen. Om vi prøver oss på det, vil vi oppdage at vi ikke har mulighet til å klare dette.

Selv om vår nåværende tilstand ikke tilsier at naturen ønsker at vi skal oppleve nytelse, er det fordi våre egoer ennå ikke har fullført utviklingen sin, slik alle andre elementer i naturen har gjort.

Det er dette Baal HaSulam forklarer i sitt essay *The Essence of Religion and Its Purpose*. Han forklarer at vi i alle naturens systemer og i hver eneste skapning fra de fire nivåene (uorganisk, organisk, kommuniserende og bevegelig), finner en hensiktsmessig prosess med hensyn til både helheten og enkeltelementene. Dette kan vi også se på som en sakte og gradvis utvikling gjennom årsak og virkning. Prosessen kan for eksempel sammenlignes med en frukt som henger på et tre, og dens utvikling. Spør gjerne en botaniker om hvor mange faser en frukt gjennomgår før den er helt moden! Som om det ikke var nok at dens tidlige tilstander ikke gir noen indikasjon på hvor søt og deilig frukten til slutt vil bli, så er det ekstra forvirrende når den umodne frukten i tillegg viser det motsatte av den endelige formen. Jo søtere en frukt blir til slutt, jo bitrere er den i sin tidlige utviklingsfase.

Sannheten er at naturens perfeksjon ikke er synlig hos noen skapninger før den når sin endelige form. Når det gjelder mennesket, så er ikke vår nåværende tilstand den endelige tilstanden. Det er derfor vår situasjon virker negativ for oss. Akkurat som frukter på et tre, er det likevel ikke noe i oss vi trenger å ødelegge eller som ikke har blitt skapt inni oss fra begynnelsen av.

Egoets kraft er en fantastisk ting. Det har ledet oss så langt som vi er kommet i dag, og takket være det vil vi også nå perfeksjon. Det er egoet som presser oss framover, og som forenkler ubegrenset endring. Uten det ville vi ikke ha utviklet oss som et menneskelig samfunn, og vi ville ikke vært særlig annerledes enn dyrene. Takket være egoene våre, er vi nå kommet til et punkt der vi ikke lenger er villig til å nøye oss med flyktige og kjente nytelser, men vi vil ha noe som ligger utenfor dette.

Trikset er å finne den beste og klokeste måten å bruke egoet vårt på, slik at vi kan utvikle oss mot et altruistisk samhold med hverandre. Metoden som gjør oss i stand til dette, er læren om kabbala. Opprinnelsen til læren ligger i navnet, da *kabbala* betyr å ta imot. *Læren om kabbala er en gammel lære som beskriver hvordan man kan ta imot den perfekte nytelse på en perfekt måte.*

Kabbala krever ikke at vi undertrykker våre naturlige, egoistiske ønsker. Det er heller motsatt, for den godtar egoets eksistens og forklarer hvordan vi best og mest effektivt kan bruke det for å oppnå perfeksjon.

Gjennom evolusjonen vår er vi blitt tvunget til å kombinere alle tendenser og elementer i oss på en balansert måte, og å bruke dem som drivkrefter i prosessen. Vi tenker for eksempel på misunnelse, lyst og ære i negative termer. Et velkjent ordtak lyder slik: "Misunnelse, lyst og ære bringer en mann ut av verden" (Avot, 4:21).

Det som ikke er like kjent, er den dypere meningen i dette ordtaket. Den verden som misunnelse, lyst og ære tar oss bort i fra, er denne verden som vi befinner oss i pr i dag. Den verden som de derimot fører oss *mot*, er den spirituelle verden, som er en høyere form i naturen. Det er likevel et forbehold: Dette skjer kun om vi leder disse naturlige tilbøyelighetene over i en positiv og nyttig retning, som gjør det mulig for oss å oppnå balanse med naturens altruistiske kraft.

KRISEN SOM EN MULIGHET TIL Å GJENOPPRETTE BALANSE

Kineserne bruker to pennestrøk
for å skrive ordet "krise".
Et strøk står for "fare",
og det andre for "mulighet".
I en krisesituasjon bør man derfor være
oppmerksom på faren,
men også se mulighetene.

John F. Kennedy i en tale fra
Indianapolis 12. april 1959

Naturen streber mot balanse, og alle handlingene sikter mot å føre hver eneste del mot likevekt. Om vi for eksempel ser på vulkaner, så vil presset dypt inne i jorden øke helt til jordens overflate ikke lenger klarer å holde det i balanse. Løsningen på denne ubalansen er et vulkansk utbrudd som utjevner det underjordiske presset med presset på jordoverflaten. Dette er naturens måte å balansere en ubalansert tilstand på.

Fysikken og kjemiens lover forklarer at den eneste grunnen for bevegelse av materie eller objekter er jakten på balansen. For å oppnå dette, er det skapt fenomener som likevekt av press, fortetninger, temperaturer, flyt av vann til det laveste punktet i terrenget og fordeling av kulde og varme. Med vitenskapelige ord blir en balansert tilstand kalt "homeostase" (*Homeo* er gresk for "samme", og *stasis* betyr "stillstand"). I naturen trekkes alle tilstander mot homeostase.

På det menneskelige nivået krever likevel homeostase bevisst deltagelse. Det er derfor vi ikke kan bli holdt ansvarlige så lenge vi ikke er oppmerksomme på det faktum at en egoistisk holdning mot andre skader både oss og naturen. Istedenfor kommer naturen oss til hjelp gjennom å vise oss at dette er en ubalanse, og det er derfor den nå leder oss til et punkt der vi opplever en omfattende krise i vår egoistiske evolusjon.

Hensikten med krisen er å få oss til å forstå at vi beveger oss i feil retning, og at tiden er inne for å forandre kurs. Krisen er derfor ikke ment som straff, men for å lede oss mot perfeksjon.

Det finnes faktisk ikke noe som heter straff, siden det ikke er vår feil at vi er født egoistiske. Alt som skjer i vår verden er ment for å utvikle oss.

Vi må huske på at mennesker, som stort sett har et ønske om nytelse, ikke beveger seg en millimeter uten en følelse av underskudd. Med andre ord beveger vi oss kun på grunn av at vi ikke har klart å oppfylle et ønske, og vi beveger oss bare med mål om en framtidig nytelse. Når vi mangler noe og er misfornøyde, lider vi og begynner å se oss om etter løsninger. Det er slik vi utvikler oss.

Denne krisen synliggjør "feilene" som bevisst er plantet i oss fra naturens side. Disse feilene gir oss muligheten til å "korrigere" oss, og slik utvikler vi oss. Tidligere, for hundrevis og til og med tusenvis av år siden, kunne ikke menneskeheten forstå hvorfor de led når de kom opp i slike situasjoner. I dag er vi kommet så langt i utviklingen at vi er klare til å forstå årsaken, og til å se at lidelse leder oss direkte mot å oppnå altruisme, naturens egenskap av kjærlighet og giverglede. Det er derfor naturen i dag kan spørre en person: "Reagerer du riktig i forhold til mulighetene som blir gitt deg?" I dag tillater naturen at vi får vite grunnen til at vi opplever så mye smerte.

Til nå har vi behandlet naturen på en veldig enkel måte. Naturen har presset oss til utvikling gjennom å framkalle ønsker i oss, og vi har fulgt opp ved å utvikle oss i alle mulige retninger i et forrykende tempo; gjennom kultur, utdanning, vitenskap og teknologi.

I dag har vi derimot møtt veggen, og vi er tvunget til å stoppe opp og gå i oss selv. Det er kun nylig vi har fått evnen til å undersøke våre ønsker, og fra nå av er vi bundet til å fortsette denne granskingen. Vi kan ikke fortsette å utvikle vår bevissthet bare når det gjelder *hvordan* vi kan bruke ønskene våre bedre. Vi må også begynne å tenke over ønskene våre, og se på dem fra et nytt perspektiv. Man kan stille seg selv spørsmålet: "Hva er det jeg gjør med mine ønsker, og hvorfor gjør jeg det?" Hver og en av oss er nødt til å undersøke dette selv.

Faktum er at naturens kraft er en konstant, altruistisk kraft. Den er uforanderlig, og presser oss hele tiden til å opprettholde balansen med den. Det eneste som faktisk endrer og utvikler seg, er egoet inni oss. Egoets økende kontrast fra naturens kraft intensiverer ubalansen, og vi opplever det som press, ubehageligheter, lidelse og andre negative fenomener og kriser.

Intensiteten av dette presset kommer an på graden av ubalanse. Følelsen av lidelse og ubehag var derfor mindre tidligere, siden egoet var mindre. I dag opplever vi at det øker for hver eneste dag.

Resultatet blir at det er helt opp til oss selv å fastsette graden av lidelse eller glede vi opplever, avhengig av nivået på ubalansen vi har med naturen. Med andre ord kan vi si at det faktum at vi ikke er integrerte deler i et ellers helhetlig system, er den eneste årsaken til lidelse og kriser, og roten til all fiendskap.

Det menneskelige egoet er årsaken til systemets ubalanse, og når vi knytter alle de individuelle og kollektive krisene som vi ser i dag til denne årsaken, vil vi klare å bevege oss mot en løsning. Når følelse av smerte blir etterfulgt av forståelse for bakgrunnen for smerten, og når meningen med lidelse blir gjort kjent, da er slik smerte hensiktsmessig og man kan dra nytte av den. Smerten blir slik en kraft for utvikling.

Krisen er på denne måten ikke en krise, men en mer progressiv tilstand i den menneskelige utviklingen som nå har dukket opp som et resultat av dagens tilstand. Om vi endrer våre holdninger og vår bevissthet og ser på dette fra et annet perspektiv, vil vi se at det som nå ser ut til å være en krise faktisk er en gylden mulighet.

5

Følg naturens lov

*Det er umulig å velge riktig retning
om målet er feilplassert.*
Francis Bacon

MENINGEN MED LIVET

Den grunnleggende kraften som styrer og opprett-
holder naturen, er en altruistisk kraft. Denne kraften
driver alle deler av naturen til å leve sammen i balanse
og harmoni som ulike organismer i én eneste kropp. Når
disse delene oppnår denne tilstanden, skaper de et bånd
seg imellom som vi kaller "liv". Dette båndet eksisterer
i dag på alle nivåer, bortsett fra hos mennesket. Men-

neskets mening med livet er derfor å klare å skape dette båndet selv. Det er nettopp dette naturen forsøker å presse oss til å oppnå.

Et slikt bånd skapes når man har en altruistisk holdning mot andre, og den blir uttrykt gjennom å vise omsorg og omtanke for andre. Denne holdningen gir en perfekt glede, siden man oppnår likevekt med naturens omfattende lov ved å skape en tilknytning til andre, og man blir dermed en integrert del av naturen.

Vi er de eneste skapningene som ikke handler ut i fra en tilstand der vi er gjensidig knyttet til hverandre, og det er derfor vi ikke føler "livet". Selv om det er sant at vi er "levende" på en overfladisk måte, så vil vi i framtiden oppdage at begrepet "liv" faktisk kan relateres til en helt annerledes måte å leve på.

Veien til forståelsen av livets mening består av en lang fase der egoet har utviklet seg gjennom flere årtusen. Mot slutten av denne perioden "ser vi lyset" ut i fra ideen om at egoet vil gjøre oss lykkelige, og forstår at *utviklingen* av egoet er selve grunnlaget for hvert eneste problem vi kommer opp i og som vi har store vanskeligheter med å komme ut av!

Deretter må vi forstå at vi alle er deler av ett eneste system. Vi må begynne å forholde oss til hverandre gjennom den altruistiske loven, og knytte oss til andre på samme måte som organer gjør det i en helhetlig kropp.

I begynnelsen vil vår eneste motivasjon for å gjøre dette være for å unngå problemer i livet. Når vi trer inn i denne prosessen, vil vi etter hvert oppdage at naturen har planer for oss som strekker seg langt utover det å finne en bekvem måte å leve på. Om dette var alt som skulle til, ville balansert programvare og en altruistisk egenskap blitt plantet i oss fra starten av på samme måte som det er iboende hos alle dyr.

Årsaken til at vi ble skapt med en egoistisk natur, var for at vi på egen hånd skulle forstå at den nåværende formen av egoet er skadelig for oss fordi den er motsatt av naturens karaktertrekk. Gjennom vår bevisste leting etter balanse, føres vi gradvis mot en forståelse av fortrinnene med altruisme, den kjærlige og givende egenskapen.

Som vi tidligere har sett, handler hvert eneste element i naturen til fordel for systemet det befinner seg i. Denne balanserte eksistensen er instinktiv på det materielle nivået. Forskjellen mellom mennesket og resten av nivåene i naturen, er at mennesket er en tenkende skapning, og at tankekraft er den sterkeste kraften i virkeligheten.

Kraften fra tankene våre overgår alle uorganiske krefter som tyngdekraften, elektrostatisk kraft, magnetisk kraft og radiasjonskraft. Den er også sterkere enn kraften som gir vekst og utvikling på det organiske nivået, og kraften som ligger til grunn for at dyr blir tiltrukket av det som er til fordel for dem og tar avstand fra det som er skadelig for dem. Tankekraften er til og med sterkere enn kraften i menneskets egoistiske ønsker.

På det uorganiske, organiske og bevegelige nivået, vil den gode holdningen som enkeltelementene utøver for systemets del vise igjen på et materialistisk nivå. Når det gjelder mennesket, så er det nivået av tanker og holdninger mot andre som trenger korreksjon. Boken *Zohar* er en av de grunnleggende bøkene når det gjelder læren om kabbala, og den ble skrevet for 2000 år siden av Rabbi Shimon Bar-Yochai. Han definerer det på denne måten: "Alt blir oppklart gjennom tankene" (*Zohar*, Del 2, avsnitt 254).

Vår iboende motstand mot å knytte oss til andre innenfor ett helhetlig system, er et uttrykk for vår egoisme. Altruisme er det motsatte. Det er en indre bevegelse i mennesket som kommer fra ens hjerte og ens ønsker om å kjenne andre som del av seg selv. For å finne balansen mellom oss og den altruistiske naturens lov, er vi nødt til å oppnå en tilstand der vi ønsker å ha glede av våre altruistiske holdninger til andre, og glede oss over å knytte oss til hverandre som deler av ett enkelt system, i stedet for å ønske å utnytte og dominere andre.

Prosessen med å forandre vår kilde til glede fra å være egoistiskbasert til altruistiskbasert kalles *Tikkun* (korrigering) av egoet, eller bare *Tikkun*. Prosessen baserer seg på oppbygningen av et nytt ønske i oss, et ønske om å oppnå egenskapen om altruisme.

For å utvikle denne korreksjonsprosessen, må vi bruke tankekraft. I essayet *A Thought is an Upshot of the Desire*, forklarer Baal HaSulam at ønsket vårt om nytelse bestemmer hva vi tenker på.

Han sier for eksempel at vi ikke tenker på ting som er i motsetning til ønsket vårt, som for eksempel å tenke på når vi skal dø. Vi tenker kun på ting vi ønsker oss, og ønsket er opphavet til tanker. Det forårsaker skapelsen av tanker, som igjen gjør det lettere for oss å realisere våre ønsker.

Baal HaSulam sier også at tanken har en spesiell evne: Den kan handle motsatt også. Den kan med andre ord forsterke ønsket. Om vi har et lite behov for noe og vi tenker på det, så vil dette ønsket bli sterkere. Jo mer vi tenker på det, jo sterkere vil ønsket bli.

Denne egenskapen skaper en intensivert syklus der det voksende ønsket intensiverer tanken, mens tanken fortsetter å intensivere ønsket. Ved å gjøre bruk av denne mekanismen, bygger vi et stort ønske for noe som vi anser som viktig, og dette hjelper oss å prioritere riktig blant alle de sterke og krevende ønskene. På den måten kan vi gjøre ønsket om å oppnå egenskapen om altruisme til det viktigste ønsket av alle.

Dette fører oss videre til neste spørsmål: "Hvordan kan vi forsterke tankene våre om å oppnå altruistiske bindinger til andre, når ønsket vårt om dette ikke er det sterkeste i oss? Det er jo faktisk mange flere ønsker i oss for øyeblikket, og av disse er det mange store ønsker som er mye mer håndgripelige og følbare, og det er de vi først og fremst tenker på." Kort oppsummert kan vi stille oss spørsmålet: "Hvordan kan vi sette i gang prosessen tanker – ønsker – tanker?"

Her kommer påvirkningen fra vårt sosiale miljø inn. Om vi vet hvordan vi kan bygge opp det rette miljøet rundt oss, så vil det tjene som en kilde for nye ønsker og tanker, som igjen vil forsterke vår drivkraft for å oppnå naturens altruistiske egenskap. Siden påvirkningen fra menneskets sosiale miljø er så viktig, vil vi bruke de to neste kapitlene til å gå nærmere inn på dette emnet.

HVA SKAL VI GJØRE?

Vi må begynne med å tenke på fordelene som vil
følge av å oppnå likevekt med naturens krefter, og innse
at en positiv framtid er helt avhengig av dette. Tankene
våre må konsentreres mot det å være deler av et helhet-
lig, integrert system som omfatter alle mennesker hvor
de enn er, og vi må begynne å forholde oss til andre på
samme måte.

En riktig, altruistisk holdning mot andre betyr å stille
inn intensjonene, tankene og bekymringene våre mot
andre. Når tankene våre går mot andre, ønsker vi at alle
skal ha tilgang til alt de trenger for sitt livsopphold. I
stedet for å fokusere for mye på de fysiske godene, bør
vi heller rette fokuset i vår tankekraft mot å løfte andres
bevissthetsnivå. Vi må ønske at hver eneste person skal
føle at han er en del av en helhet, og handle deretter.

Dette er først og fremst et indre arbeid på et tanke-
messig nivå. Det er viktig å holde fast på denne tanken,
og ikke miste den. Vi bør erkjenne viktigheten av slike
tanker, siden vår lykke og trivsel er avhengig av den. Det
er gjennom disse tankene vi kan redde oss selv fra våre
problemer, og fra de vanskelige situasjonene vi kommer
opp i. Foreløpig virker det kanskje veldig abstrakt, men
en positiv framtid avhenger av nettopp dette og *kun* av
dette.

I tillegg til den interne altruistiske holdningen til
andre på et tankemessig nivå, kan vi også *handle* altruis-
tisk overfor andre: Vi kan dele kunnskapen om meningen
med livet med andre, og fortelle hvordan man kan oppnå

dette. Om vi overfører denne kunnskapen til andre slik at de blir del av den samme bevisstheten av problemet, og har de samme tankene og holdningene når det gjelder løsningen, så har vi oppnådd en positiv endring: dette systemet som vi alle er del av. Som et resultat av dette vil vår bevissthet forsterkes ytterligere, og vi vil umiddelbart oppleve positive endringer i våre liv.

En enkelt person som endrer sin holdning mot andre, påvirker endringer i hele menneskeheten. Vi kan faktisk skissere bildet av forholdet mellom individet og menneskeheten på følgende måte: Du og hele menneskeheten er del av ett eneste system. De andre medlemmene i menneskeheten er helt og holdent avhengige av måten du behandler dem på. Hele verden er derfor i dine hender. Det er slik virkeligheten er lagt opp for hver eneste en av oss.

For å forstå dette, kan vi se for oss en kube som er bygget opp av ca. syv milliarder lag. Dette samsvarer med det omtrentlige tallet på mennesker i verden. Hvert lag står for én person og blir styrt av denne personen. Innenfor hvert lag er det syv milliarder celler, og en av dem er deg. Resten av cellene symboliserer sammenknytningen med de andre menneskene i deg. Det er slik naturens helhetlige system er bygget opp. Det er med andre ord slik at hver person er en del av alle andre mennesker, og derfor er vi alle knyttet til hverandre.

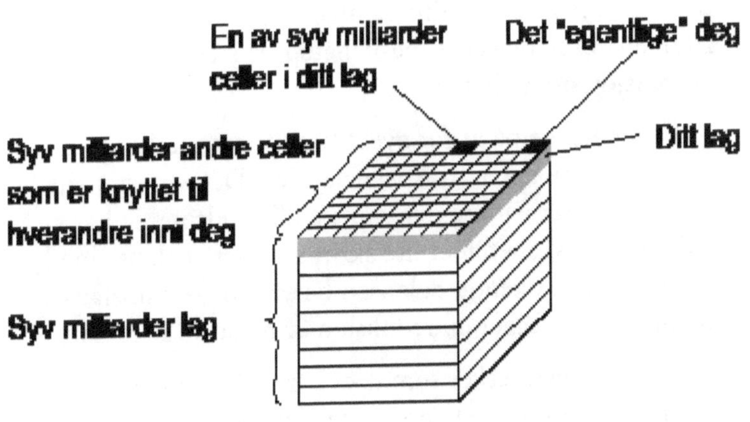

Individets plassering i naturens helhetlige system.

Om du korrigerer din holdning til en av de andre cellene i ditt lag, har du vekket opp din egen del i den andre. Dette skaper igjen en positiv endring hos den andre personen, noe som fører oss nærmere ønsket om å korrigere ens holdning mot andre.

Den endringen påvirker mer enn bare én person. Det påvirker hele denne personens nivå, inkludert alle de andre cellene som også er tilknyttet han eller henne. I tillegg har hver eneste av de andre cellene sitt eget lag i kuben, og dette laget er også vekket til live.

Når én eneste person korrigerer sin holdning mot andre, setter dette i gang en kjede av handlinger, en prosess med ubevisste, positive endringer i bevisstheten hos alle mennesker. Slik samhandling mellom lagene i kuben fører hele menneskeheten et steg videre mot korreksjon og helhet.

Vi må huske på at for øyeblikket er menneskeheten i motsetning til den altruistiske naturen. Det er derfor slik at om vi klarer å gjøre den minste lille endring, så har vi ledet menneskeheten et lite skritt nærmere balanse med naturen. Den økende balansen betyr redusert ubalanse, og med dette følger en reduksjon av negative fenomen.

Selv om mennesker som ikke har endret sin holdning til andre ikke føler det ennå, så vil den som utfører denne endringen merke det umiddelbart. Jo mer vi følger opp disse tankene og handlingene for å øke vår bevissthet om at vi er en del av et helhetlig system, jo raskere vil vi føle at vi befinner oss i en gjestfri, lykkelig og god verden.

Menneskets makt når det gjelder tankekraft og dens avgjørende innflytelse på virkeligheten, blir uttrykt på følgende måte av den store kabbalisten Rabbi Abraham Isaac HaCohen Kook (tekster, s. 60): ”Det krever mye tilpassing for å føle livets kraft og virkeligheten til tankekraften, for å forstå kraften bak dette begrepet og hvor sterkt denne påvirker livet, og styrken som ligger i tankenes virkelighet. Gjennom bevissthet og forståelse av at jo mer tanken stiger i gradene, foredles og poleres, jo mer vil mennesket og verden ellers også stige i gradene, foredles og poleres. Alle sider av virkeligheten som alltid er på et lavere nivå enn tankekraften vil ha sine oppturer og nedturer styrt av oppturen og nedturen i menneskets tankekraft”.

Når tankene stiger og man blir belønnet for å korrigere ens holdning til andre, vil man oppnå nye ønsker:

• *KESEF* (penger) kommer fra ordet *Kisuf* (å lengte). Dette viser til ens ønske om å oppnå andres ønsker og bry seg om deres tilfredsstillelse, på samme måte som en mor tar vare på barna sine og nyter å sørge for at de har det de trenger.

• *RESPEKT:* Man respekterer hver eneste person og behandler alle som partnere.

• *KUNNSKAP:* Man ønsker å lære av hver eneste person for å forstå hva andre trenger, å knytte seg til dem og slik oppnå balanse med naturen. Slik blir man gitt en forståelse og følelse av den altruistiske tanken som omslutter virkeligheten, nemlig naturens egen tanke. Dette er inngangen til det høyeste nivået i naturen, perfeksjon.

MYE LETTERE ENN MAN SKULLE TRO

Korreksjonsprosessen der vi endrer vår kilde til glede fra å nyte egoisme til å nyte altruisme, virker først og fremst ganske komplisert. Virkeligheten er ganske ulik førsteinntrykket. I *Peace in the World* skriver Baal HaSulam: "Ved første øyekast virker planen fantasifull, som noe som er over den menneskelige natur. Når vi kommer dypere inn under huden på materien, oppdager vi at motsetningen fra å ta imot for seg selv til å gi til andre ikke er noe annet enn psykologisk".

Benevnelsen "psykologisk" betyr ikke at det er et problem som må løses av terapeuter, men heller at dette er et dilemma som finnes i vår indre holdning til hvordan vi nyter. Vi er vant til å hente ut nytelse av egoistiske tilfredsstillelser, og det er derfor vanskelig for oss å forstå at det i det hele tatt er mulig å nyte på en annen måte.

Det virker lettere for oss å følge egoet slik det er uten å korrigere det, å drive dank og følge livets strømninger med en slags "det som skjer, det skjer"-holdning til livet. Sannheten er derimot helt annerledes. Selv om vi ikke er klar over det, så er egoet vårt, som vi alltid stoler på og baserer oss på for å oppnå nytelse og gode tilstander, faktisk ikke "oss". Egoet er heller som en tyrann som sitter inni oss, og undertrykker oss ved å tvinge gjennom sine ønsker. Vi har ganske enkelt blitt vant til å tenke at disse kravene er våre krav, og at egoet vårt jobber til vår fordel.

Vi må begynne å se på egoet vårt som noe som dominerer oss uten å spørre om vi er interesserte i denne dominansen, som noe som lever og jobber inni oss som om *vi* ønsker visse ting, mens det faktisk er egoet som ønsker det. Når vi blir klar over mengden krefter og energi det koster oss å utføre egoets forespørsler og hvor liten belønning vi får for denne store innsatsen, vil vi behandle egoet i sin nåværende, ukorrigerte form som den verste av alle tyranner.

Baal HaSulam sier at om folk sammenligner kreftene man bruker med nytelsen man faktisk opplever i livet, så vil man oppdage at "...smerten og lidelsen man holder ut for å oppnå livsnødvendigheter er mye større enn den lille gleden man føler i dette livet! (*Introduction to the Study of the Ten Sefirot*, tredje avsnitt). Dette faktum er skjult for oss i dag.

Egoet vårt skjuler seg og dekker seg til inni oss, som om vi og egoet er samme sak. Om og om igjen blir vi overtalt til å prøve oss på egoistisk nytelse. I virkeligheten er vårt utgangspunkt knapt et ønske om nytelse, og ikke et egoistisk ønske om nytelse slik vi oppfatter det i dag. Egoet "vårt" er med andre ord egentlig ikke vårt ego, og vi bør skille mellom disse to.

Det øyeblikket man gjør denne forskjellen, og ønsker å oppnå den altruistiske egenskapen for å komme i balanse med naturen, føler en umiddelbart naturens positive støtte. Vi bør også notere oss at det er stor forskjell på å gjøre en innsats i egoistisk retning, og å gjøre en innsats mot altruistiske handlinger. Så snart et individ oppnår naturens egenskap, vil de altruistiske handlingene man utfører ikke lenger kreve energi og anstrengelse. Heller motsatt, de blir utført med letthet og behagelighet, og gir følelser som glede, spenning og tilfredshet.

Altruistiske handlinger krever ikke energi i det hele tatt. Det er faktisk motsatt: De produserer energi. Grunnen er at en altruistisk kraft handler som solen, som stråler ut lys og er en konstant kilde til nesten uendelig energi. Den egoistiske kraften ønsker derimot å motta og å oppnå, og er derfor alltid i underskudd.

Man kan sammenligne dette fenomenet med positive og negative poler på et elektrisk batteri. I det øyeblikket en identifiserer seg med den positive kraften, føler man at nye krefter strømmer til og man kjenner seg full av endeløse muligheter. Man skaper og utløser slik uendelig med energi innenfra.

Derfor er problemet psykologisk, slik som Baal HaSulam sa: Å ta avstand fra egoistiske kalkulasjoner som man bare tilsynelatende har fordel av, og å snu dette om til altruistiske kalkulasjoner. På denne måten blir vi garantert en opplevelse av umiddelbart og ubegrenset velbehag, siden ekte og helhetlig nytelse er å finne gjennom å knytte seg til andre på en altruistisk måte.

DEN LANGE VEIEN OG DEN KORTE VEIEN

Vårt mål i livet er å oppnå en altruistisk egenskap. Vi blir presset til dette av naturens utviklingslov gjennom egoismen selv. Naturens formål er å forstå korreksjonen som er nødvendig, og å fullføre potensialet i oss selv gjennom bevissthet og forståelse, og gjennom å godta at vi må endre vår holdning til andre. Derfor kan hver og en av oss velge mellom to veier:

1. Å prioritere oss selv i den evolusjonære prosessen gjennom å bli bevisst på at vår egen egoistiske natur er skadelig og i motsetning til naturens altruistiske egenskap, og å lære metoden for å korrigere det.

2. Vente til kriser, press og lidelse som kommer fra ubalansen i naturen tvinger oss til å se etter en metode for å korrigere ubalansen mot vår vilje.

Å korrigere egoet for å slippe unna press og lidelse fungerer alltid. Vi blir likevel gitt valget om den evolusjonære prosessen først, altså å forstå og kontrollere egoet. Ved å gjøre dette, vil vi raskt og smertefritt balansere oss med naturens altomfattende lov: den altruistiske loven om å gi og å elske. Disse to utviklingsretningene blir kalt "veien til korreksjon" eller "veien til smerte".

Det er ikke tvil om at naturen blir den endelige "vinneren", da vi til slutt blir nødt til å følge dens lover. Spørsmålet er bare hvordan vi velger å gjøre det. Om vi frivillig foretrekker å gå mot balanse før lidelsen presser oss til å gjøre dette, vil vi bli lykkelige. Harde tider vil ellers puste oss i nakken, og gi oss en annen motivasjon. Merkelig nok er det latinske ordet for motiv *stimulus*, et svært skarpt spyd som ble brukt til å stikke folk i baken for å få dem til å sette opp tempoet!

Det ser ut til at for å oppleve en tilstand av likevekt med naturen, som er den beste tilstanden som finnes, må vi først oppleve det motsatte, den verst tenkelige tilstanden. Det er fordi vi opplever ting gjennom motsetninger: lys sammenlignes med mørke, svart med hvitt, søtt med salt og så videre.

Det er likevel to ulike måter å oppleve en dårlig tilstand på. Den første er å være i den, og den andre er å forestille seg den gjennom tankene. Derfor er vi skapt som følelsesmessige og intelligente vesener.

Vi kan se for oss forferdelige resultater av total ubalanse mellom oss og naturen uten å oppleve den fysisk, slik det står skrevet i *Talmud Avhi*, Tamid, 32:1: "Hvem er klok? Hvem ser framtiden?" Om vi forestiller oss den verst tenkelige tilstanden før vi når den, vil dette fungere som en motiverende kraft som kan snu oss bort fra framtidig skade og mot godhet når tiden er inne.

Ved å gjøre dette, vil vi bli spart for store lidelser og vi vil akselerere tempoet i utviklingen. Spredning av kunnskapen om årsaken til alle problemene og krisene, og måten man kan løse dem på og styre mot et nytt liv, vil øke tempoet i menneskets marsj på veien mot korreksjoner.

VED Å ENDRE VÅR HOLDNING TIL ANDRE, VIL VI FØRE HELE NATUREN MOT BALANSE

Vi kan lett se at ved å endre vår holdning mot andre, vil vi se løsningen på problemene på et sosialhumanistisk nivå. Dette betyr slutten på krig, vold og terrorisme, og enden på generell fiendtlighet mellom folk.

Den samme krisen dukker opp på naturens andre nivåer også, fra det uorganiske til det bevegelige. Hva vil skje med dem? Hvordan vil deres tilstand forbedre seg? Det kan se ut som om at vi for å ta vare på jordens tilstand, vann, luft, planter og dyr, må handle direkte mot dem. Det er derfor overraskende å se at kabbalas metode for å korrigere fokuserer på menneskelige forhold, og mener at disse forholdene er nøkkelen til hele naturens tilstand.

Kan det være at ved å korrigere menneskets egoistiske forhold, vil vi også påvirke tilstanden til alle de andre nivåene? Kan dette for eksempel løse den økologiske krisen og mangelen på ressurser som truer oss?

Vi må forstå at naturens altruistiske kraft er en enkel og helhetlig kraft, som vi ikke kan dele opp i ulike deler.

Med respekt for oss, er den ikke desto mindre delt inn i et uorganisk, organisk, bevegelig og kommuniserende nivå. Det er med andre ord fire ulike nivåer av naturen som påvirker oss.

Det uorganiske nivået påvirker oss for eksempel gjennom jorden. På det organiske nivået blir vi påvirket gjennom planter og trær, og på det bevegelige nivået gjennom dyrene og våre egne kropper. På det kommuniserende nivået blir vi påvirket gjennom vårt sosiale nivå. Alt er likevel den samme kraften, og det er kun sansene våre som deler det inn i flere nivåer og krefter. Dette vil vi lære mer om senere.

Man oppnår det høyeste likevektspunktet med den altruistiske kraften gjennom å ha den samme tanken, det samme ønsket og intensjonen som den. Balansenivået kalles "det kommuniserende nivået". Om vi elsker andre, om menneskeheten lever som en helhet og om vi er knyttet sammen som deler av en eneste organisme, vil vi skape likhet mellom oss selv og denne kraften på det høyeste nivået.

På grunn av dette, vil denne kraften bli balansert på alle de lavere nivåene også. Alle de negative manifestasjonene på ubalanse, lidelse og mangler som vi opplever i dag på hvert eneste nivå, det uorganiske, organiske, bevegelige og kommuniserende, vil ta slutt.

Når vi balanserer oss selv med respekt for naturens kraft på lavere nivåer enn det kommuniserende nivået, når vi korrigerer vår holdning til det uorganiske, organiske eller det bevegelige nivået, vil vi likevel oppleve ubalanse i de gradene. Om vi for eksempel forholder oss kjærlig til alle naturens uorganiske nivåer og unngår å skade land, ozonlag og så videre, vil vi skape balanse på det uorganiske nivået. Ubalansen på det organiske, bevegelige og kommuniserende nivået vil likevel opprettholdes.

Dersom naturens kraft skulle ha behandlet oss på en fordelaktig måte, ville det likevel ha blitt en veldig liten og begrenset endring. Om mennesket behandler naturen på en kjærlig måte, vil dette absolutt øke balansen på det nivået. Som et resultat vil vi føle at vår tilstand blir mer behagelig og enkel. Handler vi også på denne måten mot det bevegelige nivået i naturen, vil det på samme måte forbedre vår tilstand enda litt mer.

Effekten av det ovennevnte er likevel så godt som ingenting når vi sammenligner det med å oppnå balanse på det menneskelige nivået. Menneskene er på det kommuniserende nivået, og det som må balanseres, er derfor det kommuniserende nivået inni oss!

Denne situasjonen kan sammenlignes med en voksen som tilnærmer seg livet på samme måte som et barn, uten å vite noe om hans eller hennes talenter og ferdigheter. Ved å oppføre seg slik, er ikke den voksne i balanse med måten naturen behandler hver og en som person: i henhold til det utviklingspotensialet som finnes i dem, selv om individet ikke er klar over dette potensialet selv.

Naturen streber mot å lede alt til balanse, men dette vil kun bli oppnådd når menneskets holdning til andre blir altruistisk. Derfor er den balanserte loven som driver alle levende prosesser, også det som hjelper oss til å bli balanserte, spesielt på det menneskelige nivået. Det tillater oss ikke å ha et sikkert og lettvint liv gjennom å bruke handlingene på et lavere nivå.

Helt til vi skaper et altruistisk bånd mellom alle mennesker, vil vi forsette å oppleve en negativ innflytelse fra naturen på oss. Fordi våre sanser deler naturen inn i ulike nivåer, vil vi også forsette å skape kriser på samtlige nivåer av virkeligheten. På grunn av dette vil vi mens vi prøver å løse ett problem, som for eksempel økologi, oppleve at andre problemer dukker opp fra alle kanter, og dette vil skje fortere og fortere.

Vi kan ikke tillate at vi behandler naturens lavere nivåer i håp om å slippe unna det virkelige problemet: Å korrigere det egoistiske forholdet mellom menneskene. Hele naturen er avhengig av nettopp det at vi korrigerer våre forhold. Om vi virkelig ønsker å forbedre naturen, er den eneste løsningen på dette å jobbe med oss selv.

Menneskene er de eneste skapningene der naturen gir dem anledning til å ha fri vilje, og dette valget finner vi kun på nivået der menneskelige relasjoner er korrigerte. Den omfattende balansen av alle naturens nivåer avhenger kun av at vi innser dette valget.

Alt som skjer i verden er helt avhengig av mennesket. Det er dette boken *Zohar* forklarer (*Zohar*: Vayikra, avsnitt 113). Den slår fast at alt eksisterer og framstår for mennesket for å hjelpe oss med å forme den rette tilknytningen mellom oss selv og andre, og for å oppnå naturens altruistiske egenskap. Dette vil føre til den endelige løsningen på hele verdens problemer, og hele naturen vil eksistere i en korrigert form, i harmoni og perfeksjon.

I sine skrifter (s. 170) beskriver Rabbi Kook denne tilstanden med følgende ord: "Kraften til skapelsen og global styring har blitt utført på en perfekt måte.... Det er likevel en liten del som ikke er korrigert... og for å fullføre dette, er man avhengig av fullføringen av hele skapelsen. Den lille delen er menneskets sjel, i form av dets ønske og dets forfalskede spiritualitet. Denne delen blir gitt til mennesket for at det skal korrigere det, og sammen med det fullføre hele skaperverket".

Naturens lover som blir forklart her, er skjulte lover som kabbalister oppdaget ved å studere naturen som helhet. De indikerer hvordan man kan løse alle problemene i vår eksistens. De kan ikke bevises, men de kan forklares på en fornuftig og overbevisende måte. Etter alle forklaringene er det til slutt opp til individet å bestemme om det vil akseptere dem eller ikke.

Grunnen for at det er slik, er at naturen ønsker at vi skal opprettholde vår selvstendighet, vår evne til å velge om vi ønsker eller ikke ønsker å anstrenge oss for å finne ut på hvilke områder vi avviker fra reglene, en valgmulighet som avgjør om vi føler naturens påvirkning på oss som negativ eller ikke.

Om ting hadde stått foran oss som harde fakta, klare og tydelige, ville det tatt fra oss viljen til å velge fritt, noe som er vårt eneste verktøy for å kunne forstå vårt nivås unike potensial. Vi vil derfor avvise at vi er på det bevegelige nivået, fullt og helt styrt av naturens ordrer. Naturen har skjult dette for oss slik at vi kan fundere over dette selv, og bygge og fullføre det helhetlige kommuniserende nivået inni oss. Om vi gjør det beste ut av vår mulighet for et fritt valg, vil vi lykkes.

6

Veien til frihet

Hver og én av oss ser på seg selv som et individ, en unik og uavhengig handlende enhet. Det er ikke tilfeldig at menneskeheten gjennom århundrer har slåss for å opprettholde en viss grad av personlig frihet. Konseptet om frihet berører alle skapninger. Vi ser for eksempel hvordan dyr lider om de blir tatt til fange, og mister friheten sin. Dette er et sterkt bevis på naturens motstand mot å holde skapninger som slaver.

Vår forståelse for konseptet om frihet i seg selv er heller vag. Om vi prøver å definere begrepet, vil det nesten ikke være noe igjen av det. Derfor må vi anta at hvert eneste individ vet hva frihet og kampen for frihet er, før vi ber om individuell frihet. Først og fremst må vi se om et individ faktisk er i stand til å handle ut i fra fri vilje!

Livet er en endeløs kamp for å finne formelen til et bedre liv. Har du noen gang spurt deg selv om hva vi faktisk har kontroll over, og ikke? Det er svært sannsynlig at det meste er forutbestemt, mens vi likevel fortsetter å handle som om det som skjer avhenger av oss.

Frihetsprinsippet virker som en naturlov som kan brukes på alle levende skapninger. Det er derfor hver eneste skapning streber etter frihet. Naturen gir på en annen side ikke informasjon om hvilke handlinger vi har frihet rundt, og hvilke som bare gir oss *inntrykk* av at vi står fritt til å ta våre egne valg.

Naturen plasserer oss derfor i en tilstand av total hjelpeløshet, usikkerhet og desillusjon rundt vår mulighet til å påvirke verden rundt oss, enten det handler om noe inni oss eller om livet generelt. Den gjør dette for å få oss til å slutte å kappløpe med livet, og heller dedikere tankene våre til spørsmålet: "Hva *kan* vi påvirke?" Om vi vet hvilke elementer som former oss innenfra og utenfra, vil vi klare å forstå nøyaktig på hvilke områder naturen tillater oss å ta kontroll over vår egen skjebne.

NYTELSE OG SMERTE

Nytelse og smerte er de to kreftene som styrer livet vårt. Vår iboende natur, nemlig ønsket om nytelse, presser oss til å følge en forutbestemt oppførselsformel: ønsket om å ta imot mest mulig nytelse for minst mulig innsats.

Derfor er vi tvunget til å velge nytelse, og å flykte fra smerte. På dette området er det ingen forskjell på oss mennesker og et hvilket som helst dyr.

Psykologien anerkjenner muligheten for at enkeltpersoner kan klare å endre sine prioriteringer. Vi kan lære oss å utføre ulike kalkulasjoner rundt handlinger for å beregne om vi vil tjene på å utføre en viss handling eller ikke. Det er også mulig å gi mennesker et glorifisert bilde av framtiden, slik at de vil gå med på å gå gjennom en nåværende prøvelse for å nyte en belønning i framtiden.

Vi er for eksempel villige til å gjøre en stor innsats for å utdanne oss innen et yrke som vil gi oss høye lønninger eller en respektabel stilling. Alt er et spørsmål om å gjennomføre kalkulasjoner vi kan vinne på. Vi kalkulerer hvor mye krefter vi må bruke for å oppnå en sannsynlig grad av glede, og om vi tror at vi vil gå ut med et overskudd av nytelse går vi i gang. Det er bare slik vi er bygget.

Den eneste forskjellen mellom mennesker og dyr er at mennesket kan se framover mot et framtidig mål, og gå med på å oppleve en viss grad av hardt arbeid og smerte for en framtidig belønning. Om vi undersøker et spesifikt individ, vil vi se at alle handlinger skjer etter dette kalkulasjonsmønsteret, og at man faktisk følger dette handlingsmønsteret ufrivillig.

Selv om ønsket om nytelse tvinger oss til å prøve å unngå smerte og velge nytelse, er vi ikke i stand til å velge hvilken *type* nytelse vi vil ha. Dette er fordi valget om hvilken handling vi nyter eller ikke er helt utenfor vår kontroll, siden det er påvirket av andres ønsker.

Hver person lever innenfor et miljø som har sine egne lover og en egen kultur. Disse reglene bestemmer ikke bare hvordan vi oppfører oss, men de påvirker også vår holdning til hvert eneste aspekt i livet.

Vi velger ikke akkurat vår måte å leve på, hva vi interesserer oss for, våre fritidsaktiviteter, maten vi spiser eller hvilken klesstil vi følger. Alt dette blir bestemt i henhold til våre innfall, og det resten av samfunnet rundt oss liker.

Det er ikke nødvendigvis de beste delene av samfunnet som står for valgene, men heller den største delen. Vi er faktisk bundet sammen gjennom holdningene og preferansene som ligger i våre samfunn, som igjen har blitt vår norm for hvordan vi skal oppføre oss.

Å oppnå å bli satt pris på av samfunnet, er motivet for hver eneste handling vi utfører. Selv om vi ønsker å være annerledes, å gjøre noe som ingen andre har gjort tidligere, å kjøpe noe som ingen andre har, eller til og med når vi trekker oss bort fra samfunnet og isolerer oss, så gjør vi dette for å oppnå anerkjennelse fra samfunnet. Tanker som "Hva vil de si om meg?" og "Hva vil de tro om meg?" er de viktigste faktorene for oss, selv om vi har en tendens til å fornekte og undertrykke dem. Å innrømme at det er dette som styrer oss, vil være det samme som å utslette vårt indre *jeg*.

HVOR KOMMER FRIE VALG INN I BILDET?

Ut i fra alt vi har gått gjennom til nå, hvor kan vi si at vi finner frie valg (om det i det hele tatt eksisterer)? For å besvare dette spørsmålet, må vi først forstå vår egen grunnleggende kjerne, og se hvilke elementer vi er bygget opp av. I sitt essay *The Freedom*, som ble skrevet i 1933, forklarer Baal HaSulam at i hvert eneste objekt og i hver eneste menneske finner vi fire faktorer som definerer dem. For å forklare disse faktorene nærmere, brukte han eksemplet med hvordan et hvetekorn gror og vokser. Dette er et perfekt eksempel, siden det er lett å følge kornets vekstprosess samtidig som det hjelper oss å forstå hele konseptet.

1. Vår iboende egenskap

Den første faktoren er en iboende egenskap som finnes i hvert eneste objekt. Selv om den kan ta mange ulike former, så endrer den seg ikke i seg selv. Når et hvetekorn for eksempel utvikler seg i jorden og dets form har forråtnet fullstendig, så vil en ny spire av hvete fremdeles vokse ut i fra dens iboende egenskap. Denne første egenskapsfaktoren, selve grunnfjellet i vår genetiske kode, ligger i oss fra begynnelsen av. Derfor er vi ikke i stand til å endre eller påvirke den.

2. Uforanderlige egenskaper

Utviklingslovene som gjelder for egenskapene
vil aldri endre seg, og de uforanderlige egen-
skapene fra hvert objekt stammer fra dem.
Et hvetekorn vil for eksempel aldri produsere
andre kornfrø enn hvete. Det vil kun produsere
den opprinnelige formen for hvete som den
hadde i utgangpunktet da den ble sådd.

Disse lovene, samt egenskapene som stammer
fra dem, er forhåndsbestemte fra naturens side.
Hvert frø, hvert dyr og hver person inneholder i
utgangspunktet bestemte utviklingslover. Dette
er den andre faktoren som vi er omfattet av, og
som vi ikke kan påvirke.

3. Kvaliteter som kan forandres gjennom påvirkning fra omgivelsene

Selv om et frø forblir den samme frøsorten, vil
dets ytre utseende forandre seg i henhold til
de eksterne omgivelsene. Når det blir påvirket
av eksterne elementer og definerte lover, så vil
med andre ord "utviklingskurven" forandre seg
og påvirke hvordan kornet vil bli til slutt.

Påvirkningen fra det eksterne miljøet tilleg-
ger egenskapen flere elementer, og sammen
produserer de en ny egenskap av den samme
egenskapen. Disse elementene kan være sol,

jordsmonn, gjødsel, fuktighet og regn. De avgjør mulighetene og vanskelighetene som den nye hveteplanten vil møte i sin vekst, så vel i kvantitet som i kvalitet.

Om vi overfører dette eksempelet til en person i stedet for et frø, kan det eksterne miljøet være foreldre, lærere, venner, kollegaer, bøker og meldinger man plukker opp fra media. Den tredje faktoren er altså omgivelseslovene som påvirker individet, og som gir forandringer i de egenskapene som er foranderlige.

4. Endringer i miljøet som påvirker objektet

Miljøet som påvirker veksten av hveten er selv påvirket av eksterne elementer. Disse elementene kan endre seg dramatisk: for eksempel kan det bli tørke eller oversvømmelse som forårsaker at frøet råtner eller tørker ut. For mennesket omfatter den fjerde faktoren endringer i miljøet i seg selv, som deretter endrer hvordan det påvirker de foranderlige egenskapene i individet.

De fire faktorene definerer den generelle tilstanden til hvert eneste objekt. Disse faktorene definerer ens karakter, måte å tenke på og bevissthetsgrad. De bestemmer til og med hva man vil, og hvordan man handler i et gitt øyeblikk. I essayet *The Freedom* argumenterer Baal HaSulam grundig for hver eneste av disse faktorene, og kommer til følgende konklusjoner:

1. Man kan ikke forandre sin genetiske kode eller sitt utgangspunkt.

2. Man kan ikke forandre lovene som gjør at en utvikler seg fra dette utgangspunktet.

3. Man kan ikke endre lovene til de eksterne elementene som påvirker ens utvikling.

4. Man kan endre det miljøet man befinner seg i og som man er helt avhengig av, og velge et mer funksjonelt miljø for å oppnå ens mål i livet.

Vi kan med andre ord si at vi ikke kan påvirke oss selv direkte, siden vi ikke definerer egne egenskaper og hvordan de utvikler seg. Vi kan heller ikke forandre lovene i omgivelsene som påvirker oss. Det vi imidlertid kan gjøre, er å påvirke våre liv og skjebner ved å forsterke miljøet. Vårt eneste frie valg er derfor *valget av riktig miljø*. Om vi påvirker endringer i miljøet omkring oss og forbedrer våre omgivelser, vil vi forandre effekten omgivelsene har på vår egenskap som kan endres og dermed bestemme over egen framtid.

Av alle naturens nivåer, det uorganiske, det organiske, det bevegelige og det kommuniserende, er det kun mennesket som bevisst kan velge et miljø som definerer deres ønsker, tanker og handlinger. Derfor er korreksjonsprosessen basert på forholdet individet har til sine omgivelser. Om vårt miljø inneholder en passende basis for vekst, vil vi oppnå fantastiske resultater.

7

Å realisere vårt frie valg

Om vi oppsummerer de fire faktorene vi består av, vil vi se at vi egentlig kun blir styrt fra to kilder: våre iboende elementer og informasjonen som vi tar til oss fra våre omgivelser i løpet av livet.

Det er interessant å legge merke til at vitenskapen har konkludert med det samme. Siden 1990 har fagområdet atferdsgenetikk fått mer og mer tyngde. Dette vitenskapsområdet ser på sammenhenger mellom gener og personlighet, og kognitive og oppførselsmessige egenskaper hos mennesket, så som irritabilitet, eventyrlyst, sjenerthet, vold og seksuell lyst.

En av de første forskerne innenfor dette området var professor Richard Abstein, leder for Forskningsinstituttet ved Herzog Psykogeriatriske sykehus i Jerusalem. Professor Abstein argumenterer for at gener bestemmer ca 50 % av vår karakter, mens resten blir bestemt av miljøet.

Siden vi ikke kan endre vår iboende struktur, må vi ty til våre omgivelser for å klare å skape de endringene som er nødvendige. Det eneste vi kan gjøre for å utvikle oss i riktig retning for å oppnå forståelse av vårt livs mål, er å velge et miljø som vil presse oss framover.

I *The Freedom* minner Baal HaSulam oss om viktigheten av å kontinuerlig strebe etter å velge et bedre miljø. Man må også huske på at det ikke er gode gjerninger eller tanker som teller, siden disse er et resultat av at man lar seg styre og ikke benytter seg av egen fri vilje. Ved å jobbe for å oppnå et godt miljø, vil man også oppnå riktige og gode tanker og gjerninger!

De som aktivt jobber med å velge og skape et hensiktsmessig miljø for å få optimal utvikling, kan slik realisere sitt individuelle potensial. Å forstå dette prinsippet krever en stor grad av bevissthet, men det virker likefullt som om mange i dag allerede har oppnådd denne bevisstheten.

Om vi ønsker å snu vår holdning fra å være egoistisk til altruistisk, må vi sørge for at vi er i en tilstand der vårt ønske om å bry seg om andres ve og vel, og å knytte seg til andre er mye større enn vårt ønske om egoistiske, materielle objekter. Dette kan bare skje om vårt nærmiljø bekrefter at altruisme er den viktigste verdien.

Menneskene er skapt sosiale og egoistiske. Det er likevel ingenting som er mer viktig for oss enn meningene til de vi omgir oss med. Faktisk er det slik at vårt livs mening er å bli sett og bli satt pris på av omgivelsene. Vi er ufrivillig, og helt og holdent, kontrollert av samfunnets meninger, og vi er villige til å gjøre alt vi kan for å bli satt pris på og oppnå anerkjennelse, respekt og berømmelse. Det er derfor samfunnet kan vekke til live en mengde verdier og handlinger hos sine medlemmer.

Samfunnet former også kriteriene vi benytter for å måle vår selvrespekt og selvfølelse. Derfor er det slik at selv om vi er alene, handler vi likevel etter samfunnets regler. Selv om ingen vet hva vi gjør, oppfører vi oss med andre ord i tråd med gjeldende normer for å ha gleden av det selv.

For å begynne å bygge opp vårt ønske om å bry seg om andre, og knytte oss til andre som deler av ett eneste system, må vi leve i et miljø som støtter dette. Om folk rundt oss setter altruisme som sin høyeste verdi, vil hver og en av oss på en naturlig måte bli tvunget til å etterfølge og ta opp i seg denne verdien.

Det ideelle hadde vært om omgivelsene kunne ha vist oss dette: ”For å oppnå likevekt med naturen, må man være snill med andre og det helhetlige systemet man er en del av”. Når ønsket om altruisme blir selvsagt i miljøet rundt oss, vil vi selv bli påvirket til å ta opp i oss denne verdien. Om vi møter påminnelser om altruisme og respekt for denne egenskapen hvor vi enn går, vil vår handling mot andre endre seg. Jo mer vi tenker på det, jo mer vil vi gradvis ønske å ta del i de velfungerende delene innenfor det ene systemet.

Miljøet kan sammenlignes med en kran som løfter oss til et høyere nivå. Derfor vil det første skrittet på veien mot vårt livs mål bli å tenke på, og lete etter, det miljøet som best kan støtte oss i denne prosessen. Når vi tilegner oss effektene av å være i et miljø som vi selv har valgt å være i, vil vi på en sikker måte bevege oss mot våre mål.

Tankekraften er, slik vi tidligere har nevnt, den sterkeste kraften i naturen. Om vi derfor streber etter å oppholde oss i et bedre miljø, vil vår iboende kraft lede oss mot et miljø der vi kan utvikle oss. Jo mer vi kan fokusere på å forbedre våre omgivelser, jo flere muligheter vil åpne seg for oss.

Når vårt nærmiljø kun består av mennesker som søker likevekt med naturen, vil vi følge deres eksempler og bli oppmuntret og energiske av dem. Disse menneskene vil forstå at vi ønsker å behandle dem med kjærlighet, og vil hjelpe oss til å forstå hvordan vi kan gjøre det.

Gjennom å "øve oss" på andre, vil vi lære meningen med å være lik naturens kraft. Vi vil også føle på kroppen hvor godt det er å være omsluttet av denne kjærligheten. I et slikt miljø vil vi føle oss beskyttet, glade og bekymringsløse. Det er mot et slikt liv naturen fører menneskeheten.

Å IMITERE NATUREN

Vi kan begynne vår prosess med å ta opp i oss naturens egenskaper for kjærlighet og det å gi, ved å gjøre en innsats for å vise omsorg for andre og å knytte oss til dem ved å være bevisst på at vi alle er deler av en eneste kropp. Dette er foreløpig ikke en indre korreksjon av egoet, men det er de første skrittene på rett vei i prosessen.

Vi kan etterligne naturens handlinger på samme måte som barn etterligner sine foreldre. Selv om barn ikke forstår hva foreldrene gjør, så kopierer de dem siden de ønsker å bli lik dem. En liten gutt som for eksempel ser at faren hans slår i en spiker med en hammer, kopierer sin fars handlinger med en plastikkhammer. Ved å gjøre dette, vil han gradvis oppnå sin fars kunnskap. Om vi prøver å etterligne naturens egenskaper for kjærlighet og giverglede, vil denne imiteringen ligge på et høyere nivå enn det vi selv befinner oss på, og gjennom vår iboende egenskap vil vi også ønske å oppnå dette nivået.

Omsorg for andres ve og vel kan komme fra to handlinger:

1. Å ønske samfunnets respekt og takknemlighet.

2. En gradvis forståelse av at kjærlighet og giverglede befinner seg på et høyere nivå enn egenskapen om kun å sette pris på seg selv.

Ved å etterligne naturen på samme måte som et barn kopierer sin far uten helt å forstå hva faren gjør, bryr man seg om andres ve og vel med det første punktet som underliggende motiv, ikke ut i fra den andre årsaken. Slik etterligning er grunnlaget for mekanismen som gir utvikling og videre vekst, og vi kan ikke leve uten den.

Først vil vi bry oss om andre kun for å få gleden av å nyte sosial takknemlighet. Gradvis vil vi likevel begynne å føle at en slik altruistisk holdning mot andre er fantastisk og eksepsjonell i seg selv, uavhengig av den sosiale anerkjennelsen det gir. Vi vil se at en altruistisk holdning mot andre gir en perfekt, ubegrenset glede når vi etter hvert begynner å føle naturens kraft i oss selv. Denne kraften er ubegrenset, fri og perfekt.

Gjennom vår innsats med å etterligne naturens kraft, vil vi med andre ord begynne å føle at det finnes en helhet innenfor naturens egenskap. Denne følelsen vil føre til en indre forandring i oss, og vi vil sakte, men sikkert, forstå at egenskapene kjærlighet og giverglede er enestående og verdifulle i forhold til vår iboende egenskap om selvtilfredsstillelse, og at vi ønsker dem.

På denne måten vil vi stige fra nivået der vi ble skapt og opp til et høyere nivå, nemlig naturens eget nivå. Vi vil bli integrert i dens harmoni og perfeksjon. Det er altså hit naturens utviklingslov leder menneskeheten.

EN NY RETNING

Fra det øyeblikket man begynner å utvikle seg mot en balanse med naturens kraft, vil presset for selvendring avta. Dette vil igjen redusere de negative påvirkningene i ens liv. Sett fra naturens perspektiv, er det faktisk ingenting som forandrer seg i dette systemet: Det er mennesket selv som endrer seg. Forandringer i seg selv skaper likevel en følelse i dette mennesket om at det er naturens kraft som har endret seg.

Mennesket er bygget på en slik måte at vi føler at det er ting utenfor oss som forandrer seg, ikke oss selv. Det er slik virkeligheten blir oppfattet gjennom menneskets sanser og menneskets hjerne. Sannheten er likevel at naturens kraft er konstant og uforanderlig. Om vi tilegner oss naturens egenskaper, vil vi føle en helhet. Om vi oppfører oss motsatt av den, vil vi føle at dens kraft er helt imot oss. Mellom disse to ytterpunktene, føler vi også mellomnivåene.

I dag er ikke motsetningsforholdet mellom oss og den altruistiske naturkraften på sitt sterkeste, siden våre egoer ennå ikke har nådd sitt maksimale utviklingsnivå. Dette betyr at nivået av de negative fenomenene som vi opplever ikke har nådd sitt verste potensial. Det er også årsaken til at noen av oss fremdeles ikke føler den generelle krisen som verden står overfor.

Egoene våre vokser derimot daglig, og de vil forsterke kontrasten mellom oss og naturen. For å spare oss erfaringen med lidelsen som denne kontrasten vil medføre, bør vi snarest begynne å avansere mot å oppnå altruistiske egenskaper for å forandre retningen vi utvikler oss i.

Om vi gjør dette, vil vi umiddelbart oppleve en positiv tilbakemelding fra alle eksistensnivåene. Vi kan for eksempel se for oss en mann som har en sønn som oppfører seg svært dårlig. Faren snakker med sønnen, og prøver å overtale han til å forandre sin oppførsel. Til slutt blir de enig om at de fra nå av vil begynne på nytt med blanke ark, og gutten vil oppføre seg ordentlig. Om gutten neste dag lykkes i å oppføre seg på en grei måte, selv om det bare er en ørliten forbedring, så vil hans fars holdning overfor han umiddelbart endre seg til det bedre. Alt blir derfor målt og bedømt etter retningen, og ikke etter resultatet.

Når flere og flere mennesker blir opptatt av å korrigere mellommenneskelige forhold, og ser at de er avhengige av å ha denne holdningen som den viktigste i sine liv, så vil den felles bekymringen bli flertallets mening. Dette vil igjen påvirke alle medlemmene i samfunnet. På grunn av de interne båndene som finnes mellom alle mennesker i hele verden, selv de som befinner seg på de mest avsidesliggende steder, vil alle umiddelbart begynne å føle at de er knyttet sammen med andre mennesker, og at de er avhengige av dem. Folk vil begynne å tenke på den gjensidige avhengigheten som eksisterer mellom dem selv og resten av menneskeheten.

Ulike vitenskaper, først og fremst kvantefysikken, gir bevis på at endringer innenfor ett element også vil påvirke andre elementer. I boken sin *The Chaos Point: The World at the Crossroads*, beskriver professor Ervin

László eksperimenter som er rutinemessige i dagens kvantefysikk. De viser at partikler faktisk "vet" hva som skjer med andre partikler, som om informasjonen om endringer i andre partikler ikke er bundet av avstander, men oppdaterer seg umiddelbart hos alle.

I dag anerkjenner fysikere at det er en konstant, gjensidig sammenheng mellom partikler, selv når de er fra hverandre både i tid og rom. Dette systemet er det samme i alle strukturer i universet, fra den aller minste til den største.

Vitenskapen oppdager mer og mer at alt ligger i genene og i innflytelsen fra miljøet rundt en. Det hjelper oss til å "våkne" fra våre illusjoner om at "jeg fastslår og kontrollerer" og "jeg undersøker og bestemmer".

Dette åpner opp for en mulighet til å oppdage virkelig frihet. Vi kan unnslippe det slaveriet som våre egoer skaper for oss, og oppnå egenskapen om altruisme ved å skape et miljø som vil hjelpe oss til å kopiere naturen, akkurat på samme måte som barn lærer av voksne.

De største forskerne har alltid visst at jo klokere vi blir, jo mer oppdager vi av den fantastiske visdommen som er skjult i naturen. Alle våre oppdagelser til sammen får oss bare til å innse at vi befinner oss på et sidespor av den ubegrensede visdommen som finnes, og som åpner seg opp for oss når vi er modne nok og klare for å ta imot den.

Med Albert Einsteins ord (sitert fra nekrologen hans i *New York Times*, 19. april 1955): "Min religion består av en ydmyk beundring av den ubegrensede og overlegne ånden som viser seg gjennom detaljer som vi av og til klarer å oppfatte med våre uutviklede og kraftløse hjerner. Denne dype og følelsesmessige overbevisningen om at det finnes en overordnet, fornuftig kraft som viser seg i det uforståelige universet, danner grunnlaget for mine tanker om Gud".

8

Alt er lagt til rette (for å finne meningen med livet)

GENERASJONERS UTVIKLING

Dagens samfunn er et egoistisk samfunn. Det bygger likevel på nok forberedelser og erfaringer som kan hjelpe det til å bli et altruistisk samfunn. Utviklingen av menneskeheten gjennom alle de generasjonene verden har opplevd er nemlig kun til for å forberede oss til å fullføre meningen med livet, og dette skal skje innenfor levetiden til dagens generasjon.

I artikkelen *The Peace* forklarer Baal HaSulam generasjonenes utvikling slik: "...i vår verden finnes det ingen nye sjeler selv om kroppene er nye. Kun et visst antall sjeler manifesterer seg på nytt og på nytt, og kler seg hver gang i en ny kropp og en ny generasjon. Derfor er alle generasjonene, når alle korreksjoner er utført, som én eneste generasjon når det kommer til sjelene. Denne generasjonen har utviklet seg gjennom flere årtusener og vil fortsette med dette helt til den blir ferdig korrigert, slik meningen var fra begynnelsen av".

Fra generasjon til generasjon har sjelene samlet data, som til slutt har ført oss til vårt nåværende utviklingsnivå. På slutten av den lange utviklingen, vil det kommuniserende (menneskelige) nivået stige til et nytt nivå som vil bli kalt "den korrigerte kommunikasjonen".

For å forstå innflytelsen som kommer fra utviklingen til generasjonene før oss, kan vi sammenligne de indre dataene i oss med informasjonsenheter. Slike informasjonsenheter finnes innenfor hvert eneste objekt som eksisterer i virkeligheten, og inneholder iboende data til alt stoff.

Sannheten er at vi lever i et rom som inneholder en enorm mengde av informasjon om hvert eneste element. Dette er et informasjonsfelt som kalles "Naturens tanke", og vi lever inni denne. Hver eneste endring som oppstår i et hvilket som helst element, slik som streben etter å opprettholde den nåværende tilstanden, overgang fra tilstand til tilstand, krefter som opererer på andre elementer, interne endringer, eksterne endringer og så videre, er alle endringer i informasjonsfeltet.

For hver generasjon har mennesket søkt etter en formel for balansert eksistens og et godt liv, formelen som naturen ennå ikke har gitt dem. Denne letingen blir registrert som tilleggsopptak innen deres interne dataenheter. Som et resultat av dette, vil disse informasjonsenhetene gradvis opparbeide seg mer og mer kunnskap.

All forståelse og kunnskap som vi oppnår innenfor én generasjon, gjennom vår streben etter et bedre liv og for å håndtere våre omgivelser, blir del av den grunnleggende informasjonen som neste generasjon naturlig får med seg som utgangspunkt. Derfor blir hver generasjon stadig mer utviklet enn sin forgjenger.

Det er et kjent fenomen at barn alltid håndterer nyskapinger bedre enn sine foreldre, selv om det faktisk var de voksne som oppfant disse tingene. Dagens smårollinger tilegner seg for eksempel bruksmåten for mobiltelefoner og datamaskiner på en veldig naturlig måte, og bruker mindre tid enn sine foreldre på å lære seg hvordan de fungerer, og de lærer det til og med bedre.

Fra generasjon til generasjon tilegner menneskeheten seg kunnskap og visdom, og utvikler seg således på samme måte som et individ som har samlet opp erfaringer gjennom tusener av år. I sine skrifter som er publisert i boken *The Last Generation* skriver Baal HaSulam om denne voksende prosessen:

"Synspunktene til et individ er som et speil, der alle bilder og fordelaktige og skadelige handlinger er mottatt og lagret. En studerer alle disse prøvelsene, velger ut de som er fordelaktige og avviser de som har skadet en (kalt "hukommelseshjerne"). En kjøpmann følger for eksempel (gjennom hukommelseshjernen) med på alle handelsvarene der han har tapt fortjeneste og prøver å finne ut hvorfor, og på samme måte med resten av varene der han gikk ut med overskudd. De er lagret i hjernen hans, og reflekterer alle handlingene hans. Han velger da ut de fordelaktige og avfeier de skadelige, helt til han blir en dyktig og vellykket kjøpmann. Det samme gjelder for hver person og de erfaringer han eller hun har opplevd gjennom livet. På samme måte har alle personer én felles hjerne. Denne hjernen er en hukommelseshjerne og inneholder felles bilder, der alle handlingene som er utført med respekt for mennesker og for helheten blir registrert".

Utviklingen av informasjonsenhetene har ført oss til et foreløpig bevissthetsnivå der vi ser hvor motsatte vi er av naturens kraft. Vi blir derfor villige til å høre på forklaringer om hvorfor vi ble skapt på denne måten, og vi blir også klare til å forstå målet vi må nå.

Den interne tomheten og avgrunnen som har åpnet seg i mange av oss vedrørende det livet vi kjenner til, er ikke tilfeldig. De er resultater av skapelsen av et nytt ønske – at menneskeheten skal stige til et høyere eksistensnivå, nivået for "korrigert kommunikasjon". Dette er utviklingsfasen som vi bevisst kan avansere gjennom for å realisere livets mening.

SAMFUNNETS TILNÆRMING TIL ALTRUISME

Å skape et altruistisk samfunn vil få bred støtte hos menneskene, siden vi alle liker å tenke på oss selv som gode mennesker som er hjelpsomme mot andre og som deler andre menneskers nederlag. Det er slik vi er bygget opp. Teoretisk sett er det ingenting som stopper oss fra å si at vi faktisk er egoister, og at vi ikke ønsker å ta hensyn til andre. Ingen av oss er likevel stolte av egen egoisme.

Samfunnet setter naturlig nok pris på de som bidrar til det, og hver eneste person tilstreber å bli oppfattet slik. Hvert menneske, samfunn, offentlige personlighet eller regjering ønsker å presentere seg som altruistisk. Ingen individer vil vel oppfordre andre til å være egoistiske, siden det vil være lite fordelaktig for dem selv også. Av den grunn vil selv den største egoist presentere seg som altruist, ikke bare for å vinne samfunnets anerkjennelse, men for også selv å dra fordel av andres altruisme.

Selv om veldig få personer omtaler seg selv som egoister, så betyr ikke dette at de som gjør det antyder at de er stolte av å være skadelige for samfunnet. Det er heller slik at de ønsker å si: "Se på meg, jeg er spesiell". Med denne uttalelsen prøver de utelukkende å oppnå samfunnets oppmerksomhet.

Ingen vil åpent protestere når altruismen begynner å spre om seg på verdensbasis. Noen mennesker vil støtte altruisme mer aktivt, mens andre er mer passive, men ingen vil være i stand til å motsette seg det. Dypt inni oss vil vi føle at egoisme dreper alt, og at altruisme er et positivt element som gir vitalitet og liv. Det er derfor vi lærer våre barn å være hensynsfulle på tross av at vi er egoistiske selv.

EN NY GENERASJON MED SELVSIKRE, GLADE BARN

Hver og en av oss streber etter å gi barna sine de beste verktøy i livet. Det er derfor vi intuitivt oppdrar dem til å bli altruistiske barn. Å utdanne den yngre generasjonen har faktisk alltid vært basert på altruistiske verdier.

Vi oppdrar våre barn til å være snille fordi vi ubevisst vet at det å være stygg mot andre, til slutt også vil føre til skade for den som er slem. Slik ønsker vi å gi våre barn sikkerhet, og vi føler at vi kun kan lykkes med dette gjennom å bruke en altruistisk utdannelse.

En persons tillit avhenger ikke av individet selv, men av omgivelsene. Siden ens nærmiljø reflekterer en persons holdning mot det, vil all skade komme til oss fra omgivelsene. Ved å fremme altruistiske verdier, vil vi øke sjansen for at samfunnet ikke vil skade oss.

Hvert eneste samfunn i hvert eneste land har opp gjennom historien ønsket å overføre altruistiske verdier til sine barn. Bare svært sterke individer, som for eksempel en tyrann som har en hel armé klar til å håndheve sine ønsker, kan se seg tjent med å lære barna sine til å bli brutale, lite omtenksomme og ubarmhjertige. Slike barn vil likevel ha behov for mye beskyttelse for å overleve. De vil bli nødt til å stå vakt mot alle andre, og å beskytte seg selv gjennom styrken fra våpen.

En god holdning mot andre gir en følelse av sikkerhet, fred og ro som ikke kan sammenlignes med noe annet. På grunn av dette prøver vi å oppdra våre barn med disse verdiene. Det er likevel et veldig viktig poeng i dette: Når barna oppdager at vi selv ikke oppfører oss på denne måten mot andre, så vil de bli like egoistiske som vi er.

God oppdragelse er basert på gode eksempler og forbilder. Er vi et godt forbilde for våre barn gjennom altruistisk oppførsel mot andre? Svaret er sannsynligvis negativt, selv om vi oppdrar dem til å bli altruistiske når de er små. Et barn som ser at foreldrene ikke etterfølger det de selv preker, føler at ordene er tomme og falske. Selv om de prøver å vise barna den beste måten å oppføre seg på, så vil dette være nytteløst.

Krisene vi befinner oss i og vår usikre framtid, tvinger oss til endring. Så langt har vi lært våre barn én ting, mens vi ikke har fulgt disse rådene selv. Nå har vi derimot ikke lenger noe valg, og vi må gå i gang med å endre vår egen egoisme mot andre.

Når flere og flere mennesker begynner å oppføre seg altruistisk, vil virkeligheten som barna våre blir født inn i forandre seg og de vil lett plukke opp det som var så vanskelig for oss å forstå. De vil kjenne igjen prinsippet om at vi alle er deler av ett eneste system, og at forholdene oss imellom dermed bør være altruistiske. Det finnes ikke noe bedre vi kan gjøre for våre barn og oss selv.

Noen mennesker har i seg en naturlig tendens til å hjelpe andre. Disse individene er del av tilleggs- forberedelsene som allerede eksisterer i menneske- heten for å stimulere korreksjonsprosessen. Vanligvis vil muligheten for å føle empati med andre gjøre oss klare for å få større glede av å ha kontakt med andre.

Noen mennesker opplever likevel andre forskjellig. De føler faktisk andres smerte som om det var deres egen. Derfor er de tvunget til å prøve å hjelpe andre, slik at de på samme måte kan lette sin egen smerte. Disse menneskene er "egoistiske altruister". Enkelt forklart kan vi kalle dem "altruister", selv om de faktisk er mye mer egosentriske enn deres medegoister som ikke føler andres smerte.

Egoister lider ikke på grunn av andres smerte, og derfor kan de utnytte dem slik de selv ønsker. Altruister lider derimot på grunn av andres smerte, og er derfor forsiktige med å såre andre, og til og med å si støtende ord. Begge disse tendensene har sine røtter i naturen. Derfor reflekterer ikke disse ulikhetene "gode" eller dårlige" mennesker, men de er kun bevis for at man adlyder naturens befalinger.

Det er mulig å endre en spesiell gensekvens for å påvirke en persons mulighet for å bli god mot andre. Dette fant professor Abstein ut gjennom sin under- søkelse av atferdsgener. Forskerne mener at det er en belønning for altruistisk oppførsel gjennom et kjemisk stoff som kalles "dopamin". Dopamin blir frigitt i den givende parts hjerne, og gir en behagelig følelse.

Ca. ti prosent av verdens befolkning er slike "egoistiske altruister". Det er dette Baal HaSulam forklarer i *The Last Generation*, som tar for seg hans sosiale doktrine og beskriver hvilken form det framtidige sosiale samfunnet vil ha. Menneskeheten har derfor alltid blitt delt inn i nitti prosent egoister og ti prosent altruister.

Altruister bryr seg om samfunnets og de svakes ve og vel, og tror på gjensidig hjelp innenfor varierte områder. De håndterer derfor saker og situasjoner som samfunnet ikke gjør noe med, enten av mangel på oppmerksomhet eller av mangel på empati med andres vanskeligheter.

Altruistiske organisasjoner bruker enorme summer og krefter på mange ulike måter. Dessverre er det slik at i de fleste tilfellene gir ikke deres hjelp en betydelig endring av situasjonen til de trengende.

Afrika er et eksempel på dette. Tidligere, før vestlige land begynte å blande seg inn i livene deres, klarte afrikanerne seg selv. I dag sulter de, til tross for at de mottar mat og vann. Den store mengden penger som blir samlet inn på deres vegne, endrer ikke deres situasjon. De lever i en konstant kamp, og folketallet er hurtig på vei nedover.

Det finnes nesten ikke den ting de altruistiske organisasjonene ikke har gjort i sine forsøk på å forbedre verdens tilstand. Den blir likevel fremdeles bare verre og verre. Selv om det er mulig å fortsette slik vi alltid har gjort, vil det være klokt å stoppe litt opp og spørre oss selv om hvorfor vi ikke har lykkes i å bedre situasjonen for menneskeheten.

Svaret koker ned til dette: Alle problemene i verden, både de personlige og sosiale, kommer av menneskets ubalanse med naturen. På samme måte vil det å hjelpe andre på det materielle plan kun ha effekt på kort sikt, mens den på lang sikt vil forsvinne. Materiell hjelp fører ikke menneskeheten mot balanse, og løser derfor ikke problemet ved roten.

Selvsagt bør folk få mat når de sulter. Når vi så har hjulpet dem med å komme på beina igjen og gitt dem det de trenger for å overleve, må vi derimot vende oppmerksomheten mot å øke deres bevissthet vedrørende det viktige målet i livet.

Om vi ønsker å påvirke en positiv endring i verden og i oss selv, må vi undersøke vår definisjon av "altruistiske handlinger" en gang til, og gjøre den mer presis. Gjerninger bør måles etter deres overordnede bidrag til menneskehetens virkelige og fundamentale endring, og til å få slutt på menneskets lidelser fra roten av.

Situasjonen kan sammenlignes med en person som er alvorlig syk, og som tar beroligende medisiner i stedet for å håndtere selve sykdommen. I mellomtiden blir sykdommen bare verre og verre, og til slutt er det den som råder. Handlinger som ikke tar for seg kilden til alle våre problemer vil ikke være godt nok, og vil kun utsette utbruddet av sykdommen som etter hvert vil få en mye mer alvorlig form.

Handlinger blir ansett som altruistiske kun om de har intensjonen om å balansere mennesket med naturens felles lov om altruisme, og om de leder vår oppmerksomhet mot det faktum at vi alle er del av et eneste system eller en eneste kropp som inneholder alle mennesker hvor de enn er, uavhengig av rase og nasjonalitet. Det handler ikke om instinktive veldedighetshandlinger for å hjelpe folk som lider av en eller annen form for sykdom. Det dreier seg derimot om handlinger som utføres med bevisstheten om vårt akutte behov for å lede menneskeheten, både sterke og svake deler av den, i balanse med naturen.

Altruistisk godvilje og energi bør derfor først og fremst kanaliseres mot å øke menneskehetens bevissthet om hvorfor vi har disse problemene, og hvordan vi kan løse dem. På denne måten vil assistansen som blir gitt fra naturens side, i form av de ti prosentene med altruister i samfunnet, bli klokelig brukt og deres store potensial vil bli realisert.

Delingen mellom nitti egoistiske prosent og ti altruistiske prosent eksisterer ikke bare i menneskeheten som helhet. Den finnes også i hver enkelt person. En av virkelighetens viktigste lover er "generelle og individuelle er like". Det betyr at hva som enn eksisterer i helheten også finnes i hver av enhetene den består av.

Universet er holografisk, noe Michael Talbot demonstrerer i sin bok *The Holographic Universe*, som er en samling av vitenskapelige funn innenfor dette området. Baal HaSulam beskriver den samme loven med sine egne ord i artikkelen *The Secret of Conception and Birth*:

"Det generelle og det særskilte er gjensidig like som to dråper vann, både i ytterligheten av verden, som er den generelle tilstanden til planeten, og i dens indre. Det er fordi vi finner et helt system av soler og planeter som sirkulerer rundt selv det minste vannatom, på samme måte som i den store verden".

Denne loven viser at hvert eneste menneske, om man er egoistisk eller altruistisk, består av ti prosent altruistiske og nitti prosent egoistiske krefter, akkurat slik som fordelingen er i hele menneskeheten. Forskjellen mellom mennesker ligger i den indre, individuelle tilstanden til disse kreftene.

Hos en altruist er det den (egoistisk) givende kraften som er aktiv, mens den er inaktiv i en egoist. I hver person eksisterer det et givende element. Derfor er det ikke et eneste menneske som mangler muligheten til å oppnå likhet med naturens altruistiske kraft. Kort fortalt er det derfor disse kreftene ble plantet i oss fra begynnelsen av.

9

En helhetlig og uendelig virkelighet

Man er der man tenker at man er.

Baal Shem Tov

VÅR OPPFATTELSE AV VIRKELIGHETEN

En som begynner å forstå alt som har blitt beskrevet så langt, som vurderer å bli en aktiv del av det ene systemet som omfatter alle mennesker, som overfører denne kunnskapen til andre og bygger opp et støttende miljø rundt seg, vil gradvis utvikle et sterkt og oppriktig ønske om å oppnå naturens altruistiske egenskap. Prosessen med å oppnå et fullkomment ønske om altruisme er spennende, og fyller livet til den som velger denne veien med dyp mening og gir en tilfredsstillelse som ikke kan sammenlignes med noe annet. Når et komplett ønske om altruisme er bygget opp i en person, vil man oppdage en helt ny virkelighet. Før vi forklarer denne virkeligheten og hva personer som opplever den føler, må vi forstå hva "virkelighet" faktisk er og hvordan vi oppfatter den.

Disse spørsmålene høres kanskje unødvendige ut, siden det kan virke som om alle vet hva virkelighet er. Virkeligheten er det jeg kan se, veggene rundt meg, hus, folk, universet, det jeg kan ta og føle på, det jeg hører, smaker og lukter. Dette er jo virkeligheten, er det ikke?

Det er faktisk mer til virkeligheten enn det vi kan se, høre eller lukte. Opp gjennom historien har mange kloke hoder brukt all sin energi på dette emnet, og over tid har vitenskapens tilnærmingsmåte mot hvordan vi opplever virkeligheten gått gjennom flere endringer.

Den klassiske tilnærmingsmåten, der den ledende talsmannen var Isaac Newton, slo fast at verden eksisterer uavhengig av mennesket. Det hadde ikke noe å si om man oppfattet verden eller ikke, eller om mennesker levde her eller ikke. Verden eksisterte, og dens form var konstant.

Etter hvert som vitenskapen om livet utviklet seg, ble det tillatt å undersøke verdensbildet gjennom andre følelser enn menneskets. Forskere lærte dermed at andre skapninger oppfatter verden på ulike måter. En bies verdensperspektiv er for eksempel summen av alle synsinntrykk som den ser gjennom hver av de tallrike enhetene som biens øyne består av. Hunder derimot, oppfatter verden først og fremst gjennom luktesansen.

I tillegg oppdaget Albert Einstein at det å endre hastigheten til observatørene (eller objektet som ble observert), ga et fullstendig ulikt syn på virkeligheten når det gjelder akser for tid og rom. Som eksempel kan vi se for oss en stokk som forflytter seg. I følge Newton skulle stokken, uavhengig av farten, se ut til å ha samme lengde hele tiden i øynene til den som observerte den. Einstein fant derimot ut at stokken tilsynelatende ville bli mindre jo større fart den hadde.

Som et resultat av disse to oppdagelsene, ble det utformet en mer progressiv tilnærmingsmåte som argumenterte for at verdensbildet er avhengig av observatøren. Observatører med ulike egenskaper og sanser, ser også ulike verdener. På samme måte vil observatører i ulike følelsestilstander oppfatte bilder ulikt.

I 1930-årene revolusjonerte kvantefysikken den viten-skapelige verden. Den slo fast at observatører påvirker handlinger som ble observert. Som følge av dette, kan forskeren kun stille seg ett eneste spørsmål: "Hva viser måleenhetene egentlig?" Det er nytteløst å prøve å forske på den prosessen som har skjedd på en objektiv måte, eller å prøve å finne ut hva den objektive virkeligheten faktisk er.

Oppdagelser innen kvantefysikk ble slått sammen med oppdagelser innenfor andre forskningsområder for å komme fram til dagens vitenskapelige tilnærmings-måte på hvordan vi ser på virkeligheten: Observatøren påvirker verden, og påvirker derfor også det bildet han eller hun ser. Verdensbildet er med andre ord en kombinasjon av egenskapene til observatøren og egenskapene til objektet som blir observert.

LIVET KOMMER INNENFRA

Arbeidet som i dag blir lagt ned for å gjøre læren om kabbala kjent for alle, tar oss et skritt videre. For tusener av år siden oppdaget kabbalister at det ikke er noe som kan kalles et verdensbilde. "Verden" er et fenomen som oppleves inni hver enkelt person, og reflekterer likheten mellom individets kvaliteter og kvalitetene av den abstrakte kraften som er på utsiden, nemlig naturens kraft.

Som vi nevnte tidligere, er naturens kraft helt og holdent altruistisk. Når man måler likhetene eller ulikhetene mellom egne egenskaper og naturens egenskaper på utsiden, oppfatter vi dette som "verdensbildet". Det er også slik at bildet vi har av vår virkelighet rundt oss er fullstendig avhengig av våre indre kvaliteter. Disse kvalitetene kan vi endre totalt.

For bedre å forstå hvordan vi opplever virkeligheten, kan vi sammenligne et menneske med en lukket boks som inneholder fem sensorer: øyne, ører, nese, munn og hender. Sensorene representerer da de fem sansene syn, hørsel, lukt, smak og berøring. Bildet av vår virkelighet rundt oss blir utformet innenfor denne boksen.

La oss ta en kikk på hørselsmekanismen som et eksempel på hvordan sansene våre arbeider. Lydbølger som treffer trommehinnen skaper vibrasjoner på overflaten, som deretter videreføres til øreknoklene. Resultatet blir elektriske signaler som sendes til hjernen, og som igjen "oversetter" dem til lyder og stemmer. Alle våre mål finner sted fra trommehinnen og innover, og alle de andre sansene våre fungerer også etter samme prinsipp.

Vi måler derfor ikke hva som er utenfor oss, men responsen som blir skapt inni oss. Avstanden til lyder som vi kan motta, og synsinntrykkene og luktene vi opplever vil alle være avhengig av følsomheten til sansene våre. Vi er "lukket" inni boksene våre, og derfor vil vi aldri få vite hva som skjer utenfor oss.

Signalene fra sansene våre blir oppsummmert og overført til kontrollsenteret i hjernen. Den mottatte informasjonen blir her sammenlignet med de eksisterende dataene i vår hukommelse, der tidligere inntrykk har blitt samlet og lagret. Informasjonen blir deretter "overført" til en "skjerm" inni hjernen, og viser et bilde av den verden som vi har en opplevelse av at vi lever i. Det er slik vi føler hvor vi er, og hva vi trenger å gjøre.

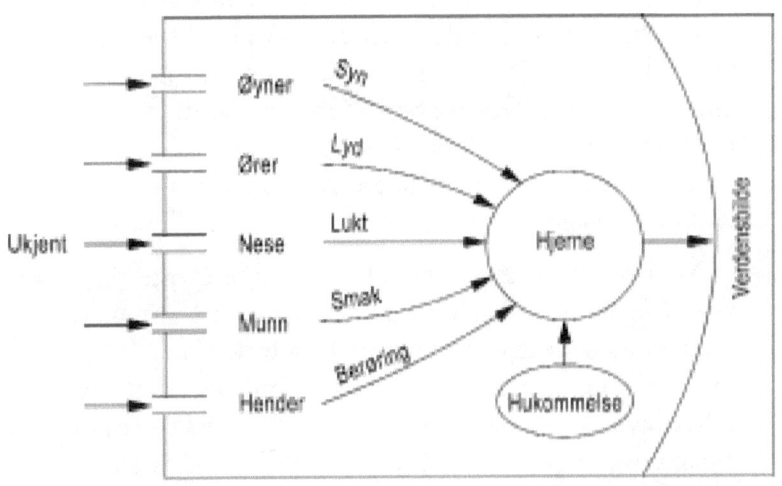

I denne prosessen vil det ukjente som omgir oss bli noe tilsynelatende kjent, og det skapes et internt bilde av det som vi oppfatter som virkeligheten utenfor oss. Faktum er at dette likevel ikke er det reelle bildet av virkeligheten, men kun et internt bilde.

Alt dette har vært kjent for vitenskapen lenge, og i boken *Preface to the Book of Zohar* beskriver Baal HaSulam det på denne måten: "Ta vår synssans for eksempel: Vi ser en stor verden foran oss, og alt det fantastiske som fyller den. Faktum er at vi kun ser dette inni oss. Det er med andre ord en slags fotografisk maskin i vår bakhjerne som portretterer alt som dukker opp for oss, og ingenting utenfor oss!".

Han forklarer at det er et slags speil i hjernen vår som snur opp ned på alt vi ser, og dermed oppleves det som om det skjer utenfor oss. Derfor er bildet av virkeligheten resultatet av strukturen i våre sanser og den tidligere lagrede informasjonen i våre hjerner. Om vi hadde hatt andre sanser, ville de kunne skape et helt annerledes bilde. Det er svært sannsynlig at det som nå oppleves som lys, vil oppleves som mørke, eller til og med som noe vi aldri tidligere har sett for oss i våre villeste fantasier.

Med dette friskt i minne, bør vi legge merke til at vitenskapen lenge har visst at det er mulig å stimulere hjernen med elektriske impulser. Kombinert med informasjon som er samlet i minnet, framkaller dette en følelse av å befinne seg et visst sted og i en viss situasjon. I dag er det også slik at vi kan erstatte våre sanser med kunstige innretninger som elektroniske instrumenter. Det finnes et bredt omfang av hørselshjelpemidler, som for eksempel strekker seg fra forsterkere som kan hjelpe de som hører dårlig til implantasjon av elektroder hos de som er helt døve.

Man har også utviklet kunstige øyne ved å bruke elektroder som blir satt inn i pasientens hjerne. Dette "øyet" tolker hørselsdata om til synsdata, det vil si at de endrer lyddata om til bilde. En annen utvikling for å hjelpe blinde med å få synet tilbake, har omfattet et inngrep der man plasserer et lite kamera i øyet som erstatter det lyset som trenger inn i pupillen med elektroniske signaler. Disse signalene blir deretter overført til hjernen, der de blir "oversatt" til bilder.

Det er nok bare et tidsspørsmål før vi har full kontroll på disse helsemessige utfordringene, og vil få muligheten til å utvide rekkevidden av våre sanser, skape kunstige organer og til og med bygge en hel kropp. Selv da vil bildet av virkeligheten likevel kun forbli et indre bilde.

Det viser seg dermed at det vi føler, bare er noe som skjer inni oss og at det ikke har noen sammenheng med virkeligheten utenfor oss. Vi kan heller ikke se om det finnes en virkelighet utenfor oss eller ikke, siden vårt bilde av den "utvendige" verden befinner seg inni oss.

NATURENS PLAN

Våre observasjoner av naturen har vist at for at
liv skal bli skapt og videreført, må hver eneste celle i
organismen og hver eneste del av systemet dedikere seg
selv helt og fullt til det beste for kroppen eller systemet
det befinner seg i. I dag oppfører ikke menneskeheten seg
på denne måten, og dette leder til spørsmålet: "Hvordan
kan vi i det hele tatt eksistere?" En egoistisk celle i en orga-
nisme blir til en kreftcelle, og vertskroppen dør. Vi er egois-
tiske deler i et helhetlig system, og likevel er vi i live!

Svaret på spørsmålet er at våre liv ikke akkurat kan
defineres som "liv".

Menneskets eksistens er ulik alle andre nivåer i
naturen på den måten at man er delt inn i to nivåer.
Det første nivået er det vi for tiden eksisterer innen-
for. Vi føler oss atskilte fra hverandre, og derfor tar vi
ikke hensyn og prøver å utnytte andre til vår egen fordel.
Det andre nivået er et nivå der man lever et korrigert liv,
der mennesker fungerer som deler av et helhetlig system
med en bevissthet for hverandre slik at man finner gjen-
sidig kjærlighet, giverglede, helhet og uendelighet.

Eksistensen på det andre nivået blir definert som "liv".
Vår eksistens i dag er en overgangsperiode som er ment
for å lede oss til det punktet der vi oppnår en korrigert
og uendelig tilstand selv. Derfor definerer kabbalister,
som allerede har tatt steget opp til det andre nivået, vår
nåværende eksistens som "fantasiliv" eller "innbilt virke-
lighet". Når de ser tilbake på vårt nivå, sier de: "Vi var
som de som drømmer" (Salme 126:1).

Foreløpig er den reelle virkeligheten skjult for oss, og vi kan ikke sanse den på en naturlig måte. Årsaken er at vi ser på verden i henhold til våre egne ønsker, og våre interne egenskaper. Derfor føler vi ikke at folk er knyttet sammen som en helhet, fordi et slikt bilde av forhold mellom mennesker virker avstøtende på oss. Vårt iboende og egoistiske ønske om å nyte tillater oss ikke å se det reelle bildet av virkeligheten.

Det finnes ikke-målbare elementer som vi i dag ikke legger merke til. Våre hjerner tjener våre egoistiske ønsker, og styrer våre sanser deretter. Derfor kan vi heller ikke føle eksistensen av noe som blir sett på som ufordelaktig eller noe man må være forsiktig med (om man ser det fra det egoistiske ønskets side). Om vi i det hele tatt kan føle noe, kjenner vi kun om det er bra eller dårlig for oss. Våre sanser er "programmert" på denne måten, og vi opplever derfor vårt virkelighetsbilde deretter.

Om vi ønsker å beskrive dette bildet på en riktig måte, må vi nå snu om på alt for å prøve å forstå hvordan virkeligheten blir oppfattet gjennom øynene til et altruistisk ønske. Tenk deg at vi begynner å bli "kalibrerte", slik at vi kan føle hva som er bra for andre. I en slik tilstand vil vi oppdage helt andre ting rundt oss enn det vi la merke til tidligere, selv om vi observerer de samme omgivelsene. Alt vi så før, vil bli oppfattet helt annerledes nå. Kabbalister beskriver denne tilstanden med ordene: "Jeg så en omvendt verden" (Talmud Bavli, Pesachim 50:71).

Når vi bygger et nytt ønske inni oss om å bli en sunn del av menneskeheten og om å bli lik naturens altruistiske kraft, så vil dette bety begynnelsen på et nytt system av følelser, helt uavhengig av vårt nåværende system. Dette systemet blir kalt *en sjel*. Gjennom sjelen vil man oppleve et helt nytt verdensbilde, et bilde av den *virkelige* verden, der alle er knyttet sammen som deler av en eneste kropp og opplever uendelig glede og lykke.

La oss nå derfor finpusse og fullføre vår definisjon av livets mening, som vi tidligere definerte som "mennesker som knytter seg sammen". Nå ser vi at livets mening er å bevisst og av egen fri vilje reise seg fra nivået til den innbilte virkeligheten, og opp til den reelle virkeligheten vi lever i. Vi må oppnå en tilstand der vi ser oss selv og virkeligheten på en annen måte enn vi ser dem nå: slik det egentlig er.

Tilstanden vi føler i dag er med andre ord innbilt, der vi bruker vårt ego som verktøy for følelser. Om vi bruker våre krefter på å utvikle oss gjennom korreksjonsprosessen, og å bygge opp i oss et helhetlig ønske om altruisme, så vil våre følelsesverktøy også bli altruistiske verktøy. Ved å bruke dem, vil vi oppleve vår situasjon veldig annerledes.

Vår tilstand vil da vare evig. Vi er knyttet sammen i et helhetlig system, og energiflyten og gleden inni oss er evigvarende. I den tilstanden finner vi gjensidig giverglede, og nytelsen fra denne vil være uendelig og perfekt. Dagens situasjon er motsatt, og består av flyktighet og begrensinger.

Vår nåværende livstilstand kommer fra en liten dråpe av liv som drypper fra den uendelige tilstanden til sjelene våre. Denne dråpen er en del av naturens omfattende altruistiske kraft, som trenger inn i våre egoistiske ønsker, lever i dem og holder liv i dem til tross for deres ulikhet.

Oppgaven til denne dråpen er å holde liv i oss på det første eksistensnivået, det kroppslige nivået, helt til vi begynner å føle den reelle verden, nemlig den spirituelle virkeligheten. Det fører også til at vårt nåværende, kortvarige liv er som en gave som har blitt gitt til oss for en viss tid, for å bli brukt som middel til å oppnå det virkelige liv. Da vil vår følelse av liv ikke bare bli denne lille dråpen, men hele naturens kraft, den givende kraften og kjærlighetskraften, som da også vil bli vår livskraft.

Den spirituelle virkeligheten befinner seg ikke over oss i den fysiske meningen av ordet. Det er heller en kvalitativ dømmekraft. Å stige fra den fysiske, kroppslige virkeligheten til den spirituelle virkeligheten er å øke ens ønske om den altruistiske egenskapen, og om naturens egenskaper for kjærlighet og giverglede. Å føle spiritualitet betyr å føle hvordan vi er knyttet sammen som deler av ett eneste system, og å føle en høyere grad av naturen. Livets mening er å klatre opp til den spirituelle virkeligheten og oppleve den, i tillegg til at vi opplever vår følelse av den kroppslige virkeligheten mens vi lever i en fysisk kropp i den fysiske verden.

I henhold til naturens plan, ble menneskene skapt med muligheten til å oppdage kun det første, innbilte nivået, og slik utviklet det seg gjennom årtusener. I løpet av den tiden utviklet menneskene observasjoner og erfaringer som førte dem nærmere bevisstheten om at den egoistiske levemåten ikke ville gi dem lykke, og at man trengte forandring til det andre nivået, "den korrigerte altruistiske levemåten". Den overhengende krisen som den egoistiske utviklingen befinner seg i pr. i dag, plasserer oss i overgangsperioden mellom de to virkelighetsnivåene.

Derfor må vi se på vår tid som en spesiell tid. Vi er kommet til et vendepunkt, og beveger oss mot en fullstendig og uendelig eksistens som naturen har forutbestemt som høydepunktet i menneskets utvikling.

Kanskje dette er nok for å forklare at gledene vi ønsker i dag er veldig ulike den gleden som fyller de som oppnår naturens altruistiske egenskap. I dag ønsker vi nytelse fra følelsen av at vi selv er unike, spesielle og overlegne. Et egoistisk ønske kan bare bli oppfylt gjennom sammenligning med en viss mangel, enten sammenlignet med en mangel på noe man hadde før, eller sammenlignet med andre. Slik glede krever rask og konstant fornying, siden ønsket blir utjevnet i det øyeblikket nytelsen tilfredsstiller det, slik vi forklarte i det andre kapittelet. Denne prosessen gir kortvarige gleder. Når egoet intensiveres, skaper det en tilstand der man kun kan føle tilfredsstillelse på grunn av andres ulykke.

En altruistisk nytelse er helt motsatt. Den altruistiske gleden sammenligner seg ikke med andre, men oppleves inni andre.

Vi kan på en måte sammenligne dette med forholdet mellom en mor og hennes barn. Siden mødre elsker sine barn, nyter de å se at barna har glede av det de gir dem. Jo mer et barn nyter, jo mer nyter også moren. En mor føler glede nettopp på grunn av de anstrengelsene hun gjør for sitt barn, mer enn fra noe annet hun gjør.

En slik tilfredsstillelse er naturligvis kun mulig under forhold der vi elsker hverandre, og dens kraft er avhengig av vårt mål om kjærlighet for andre. Kjærlighet er faktisk villighet til å bry seg om andres ve og vel, og å tjene dem. Mennesker som føler at vi alle er individuelle deler av det samme systemet, ser på service som sin rolle, sin mulighet til overlevelse og sin belønning. Derfor er det en hel verden av forskjell mellom disse to formene for glede.

Et menneske som har oppnådd altruistiske egenskaper, har et "annerledes hjerte" og et "annerledes sinn". Dette menneskets ønsker og tanker er så ulike våre egne at til og med hans eller hennes opplevelse av virkeligheten er annerledes.

Takket være den altruistiske holdningen til andre, vil dette mennesket avstå fra følelsen av å være et enkelt individ og dermed knytte seg til den felles kroppen og få næring fra denne for å overleve. For et slikt menneske blir det helhetlige systemet som han eller hun tar del i levende, og man begynner å føle det evige livet fra den omfattende naturen, energiflyten og den endeløse gleden som fyller det kollektive systemet.

Vår følelse av liv består av to elementer: fornuft og følelser. Når et menneske føler og forstår følelsene og fornuften til hele naturen, vil man tre inn i denne verden og leve innenfor denne. Et slikt menneske slutter å se på sitt liv som noe som holder på å ta slutt. Samhold med den evige naturen gjør at vår følelse av liv fortsetter selv om det ikke lenger er liv i den biologiske kroppen.

Døden til den fysiske kroppen betyr at kroppens oppfattelse av virkeligheten har tatt slutt. De fem sansene slutter å overføre informasjon til hjernen, og hjernen slutter å overføre det kroppslige verdensbildet på hjernens "skjerm".

Systemet til den spirituelle oppfattelsen av virkeligheten er uavhengig av nivået til den kroppslige verden. Så snart man oppnår det, vil det fortsatt eksistere selv etter at kroppen er borte. De som har følt sin eksistens i det spirituelle systemet før døden, opplever at denne følelsen vedvarer selv etter at kroppen er død. Dette er betydningen av "å leve i sin sjel".

Forskjellen mellom hvordan vi opplever livet i dag, og opplevelsen av det livet som vi *kan* oppnå, er enorm. For å prøve å gi et bilde av det, sammenligner boken *Zohar* det med forskjellen mellom flammen fra et lite stearinlys og gløden fra uendelig med lys, eller som forskjellen mellom et sandkorn og hele verden. Å oppnå spirituelt liv er å realisere vårt potensial som mennesker, og det er dette vi alle skal oppnå mens vi lever i denne verden.

ÅPNE ØYNENE

Før vi avslutter dette kapittelet, skal vi forsøke oss på en liten oppgave. Se for deg at du befinner deg i et helt mørkt rom. Her er det så mørkt at du ikke kan se noen ting. Det er helt stille, det er ikke en lyd, lukt eller noe å ta på. Det er et tomt, mørkt rom. Du blir værende i dette rommet så lenge at du glemmer at du hadde følelser i det hele tatt, og du glemmer til og med at følelser eksisterer.

Plutselig kjenner du en lukt. Den blir sterkere og sterkere og omringer deg, men du klarer ikke helt å sette fingeren på hva det lukter. Gradvis kommer det nye lukter til som blander seg med den første, noen sterke og noen svake, noen søte og noen stramme. Nå som du kjenner flere lukter, oppdager du at de kommer fra ulike steder, og du merker at du befinner deg i et område som inneholder retninger som høyre, venstre, over og under.

Uten forvarsel dukker det opp lyder rundt deg, alle mulige lyder. Noen er som musikk, noen som ord og noen bare ulyder og bråk. Ved å bruke lydene, vil du mye lettere kunne finne veien i verden. Nå kan du estimere avstander, og gjette på kilden til lukter og lyder som du mottar. Du har en hel verden av lukter og lyder rundt deg.

Etter en stund oppdager du en ny følelse, da det er noe som berører huden din. Så føler du enda mer som rører ved deg. Noe er gammelt, noe er varmt, noe er tørt og noe er fuktig, noe er hardt og noe er mykt, og noe klarer du ikke helt å plassere. Når noen av disse objektene berører munnen din, kjenner du en merkelig følelse: De har en egen smak.

Nå lever du i en verden som er fylt med lyder, lukter, følelser og smaker. Du kan berøre andre objekter, og lære om dine omgivelser. Når du ikke hadde disse sansene, kunne du ikke en gang i din villeste fantasi forestille deg at en slik verden eksisterte hele tiden.

Dette er verden for en som er født blind. Om du hadde vært i hans eller hennes sko, ville du ha følt at du manglet synssansen? Ville du visst at du ikke hadde den? Ikke i det hele tatt!

På en måte kan vi si at vi ikke føler den spirituelle verden av samme grunn, siden vi ikke har en sjel. Vi lever vårt liv uten å vite om at det finnes en spirituell dimensjon som vi ikke føler. Derfor savner vi det heller ikke, og vår nåværende verden er nok for oss. Dag etter dag, år etter år, og generasjon etter generasjon blir vi født, lever, nyter, lider og dør til slutt. Gjennom disse prosessene er vi ikke klar over at det eksisterer en helt ny dimensjon av liv der ute, en dimensjon av spirituelt liv.

Vi ville fortsatt ikke vært klar over det om det ikke var for den tomheten, meningsløsheten og apatien som har begynt å komme til overflaten i oss. Nå slår vi oss ikke lenger til ro med å oppfylle ønskene våre, siden det er noe annet som likevel mangler. Livet slik vi kjenner det og alt det kan tilby, blir gradvis mindre og mindre tilfredsstillende. Det er faktisk ganske deprimerende, og derfor velger vi å undertrykke disse følelsene. Hva kan vi gjøre med det uansett? Alle lever slik.

Disse følelsene kommer fra oppvåkningen av et nytt ønske, et ønske om å nyte noe høyere, noe fantastisk, noe som er over alt annet enn det som vi finner rundt oss, fra en ukjent kilde. Om vi virkelig ønsker å realisere ønsket som nå vekkes i oss, vil vi oppdage at dette er et ønske om noe som er utenfor denne verden.

Oppvåkningen av et slikt ønske i så mange av oss, samtidig med den økende følelsen av tomhet som følger med den, er faktisk naturlige skritt i naturens allerede fastsatte plan. Dette ønsket skaper en følelse i oss av at det finnes noe utenom det velkjente, og vi er nysgjerrige på å finne ut av det. Om vi lar dette ønsket lede oss og hører på stemmen i hjertene våre, vil vi våkne opp til den ekte virkeligheten.

10

Å oppnå balanse med naturen

Dette kapittelet omfatter et emne som er et lite "sidespor" fra hovedtemaet i denne boken. Å nevne det vil likevel hjelpe oss med å utdype flere av temaene som er tatt opp.

I disse dager, når individer og samfunnet befinner seg i denne krisesituasjonen som det er vanskelig å komme seg ut av, sprer det seg en ny trend: å finne tilbake til naturen. Noen ser på det som en vei mot forandring, og håper at det vil gjøre livene deres bedre. Spørsmålet vi må stille oss er: "Er det en sammenheng mellom det å oppnå balanse med naturen, og det å finne tilbake til naturen?" Vil det å finne tilbake til naturen hjelpe oss å oppnå balanse med den? Dette kapittelet vil ta for seg disse spørsmålene og lignende tema.

Ideen med å finne tilbake til naturen er å leve i harmoni med den, omtrent på samme måte som våre fedre og forfedre gjorde. De som ønsker dette, kjemper for renere luft, organisk matproduksjon og søker tilbake til livet på landet. Det er mange varianter av dette fenomenet, men alle fokuserer på ideen om at hvis menneskeheten var nærmere naturen, ville vi være mer balanserte og i det store og hele føle oss bedre.

Om vi ser på hvordan gamle stammer levde, vil vi se at jo nærmere de var naturen og sine røtter, jo lettere følte de naturens kjærlighetskraft. I den forbindelse ønsker jeg å nevne en samtale jeg hadde med primatologen og antropologen Jane Goodall, som dedikerte livet sitt til å studere sjimpanser og levde sammen med dem i mange år. Hun har vunnet flere priser for sin forskning, blant annet Encyclopædia Britannica Award for Excellence, The National Geographic Society Hubbard Model for Distinction in Exploration, Discovery, Research og Albert Schweitzer Prize.

Da jeg spurte henne om hvilken oppdagelse som hadde gjort mest inntrykk på henne, svarte hun at etter å ha levd så mange år i naturen, kunne hun føle dens iboende kjærlighetskraft. Hun fortalte at hun begynte å føle og høre naturen, og at hun følte kjærlighet. Det var ingen "ond" kraft, kun tanker om kjærlighet. Gjennom mange og lange år der hun bodde i jungelen, oppdaget hun at sjimpanser forstår naturen og opplever kjærligheten fra den.

En slik erfaring er uten tvil spennende. Dette er likevel ikke den balansen vi refererer til i denne boken. Selv den mest fantastiske følelse som et menneske i dag opplever ved å søke tilbake til naturen, vil kun være en begrenset følelse av naturens kjærlighetskraft. Følelsen vil også bare være en brøkdel av det hvert dyr kjenner. Naturen har allerede lagt planer for en mye høyere form for utvikling av mennesket enn dette uansett.

Det er en god grunn til at naturen har lokket oss ut av busker og huler, og fått oss til å utvikle et menneskelig samfunn med alle mulige komplekse systemer. Nettopp innenfor det menneskelige samfunnet, på toppen av all den fiendskapen og intoleransen vi har mot hverandre, må vi skape en balanse mellom oss selv og andre mennesker. Vi må bruke våre egne egoer som en slags jekk for å løfte oss til den tilstanden. Ved å finne tilbake til naturen kan vi få en fascinerende opplevelse, men det vil ikke hjelpe oss med å ta problemet vi lider under ved roten, nemlig ubalanse på det menneskelige nivået.

Å finne tilbake til naturen knyttes ofte sammen med andre tradisjonelle lærer som yoga, Tai Chi og flere andre meditasjonsteknikker. Slike teknikker gir ro, fred og en følelse av helhet. De kan likevel ikke føre oss nærmere en forståelse av naturens mål, siden de baserer seg på å undertrykke egoet og redusere det. Ved å gjøre dette, senker de det menneskelige egoet fra det kommuniserende nivået til lavere nivåer, også kalt "bevegelige", "organiske" og "uorganiske" nivåer i mennesket.

Derfor vil disse metodene faktisk være et tilbakeskritt, og dermed gå imot retningen naturen leder oss i: å utvikle oss til et høyere nivå enn vår nåværende tilstand, til nivået med "korrigert kommunikasjon"!

Naturen vil ikke tillate oss å undertrykke våre egoer, noe vi tydelig kan se i land som Kina og India. Inntil nylig har disse landene opprettholdt et lavt egoistisk nivå, mens de nå opplever et utbrudd av egoisme. I de siste årene har de hengt seg på Vestens kappløp mot rikdom og makt, og har tatt igjen flere generasjoners etterslep med rekordfart.

Egoismen som eksploderer over hele verden i dag, er egoisme på det kommuniserende nivået. For å håndtere det, må vi benytte oss av en helt ny metode, og dette må være en metode som er motsatt av framgangsmåten som ønsker å redusere egoet. Kabbala er den eneste metoden som benytter seg av hele den egoistiske kraften, samtidig som den korrigerer anvendelsen av den. Vitenskapen gjøres tilgjengelig i dag for å hjelpe hele menneskeheten til å fullføre naturens mål, og til å løfte seg som en enhet til et nytt eksistensnivå.

BALANSE PÅ DET KOMMUNISERENDE NIVÅET

For forklaringens del kaller vi balanse som baserer seg på å redusere egoet fra vårt nåværende kommuniserende nivå til de bevegelige, organiske og uorganiske nivåene, kun for "balanse på det bevegelige nivået".

Forskjellen mellom balanse på det bevegelige nivået og balanse på det kommuniserende nivået kommer an på hvilken grad vi kjenner naturens kjærlighetskraft.

For å bli lik naturen på det kommuniserende nivået, må vi granske oss selv, finne ut hvilken retning vi og hele menneskeheten blir ledet mot, hvilken utviklingsprosess vi befinner oss i fra begynnelse til slutt og hva som er det endelige målet. Uten slik selvransakelse, der vi får oppleve hver enkelt fase av utviklingen, kan vi ikke oppnå naturens tanke.

Slik selvransakelse kan føre oss til balanse med naturen på det kommuniserende nivået. Det løfter en med andre ord til nivået med korrigert kommunikasjon. I denne tilstanden overgår vi grenser for tid, rom og bevegelse, og kjenner hele flyten fra virkeligheten. Begynnelsen og slutten av prosessen slår seg sammen, og vi blir klar over hvordan alle fasene i prosessen gradvis kommer til overflaten innenfra.

Dette gjør det mulig for oss å se hvordan alle fasene henger sammen i en fantastisk harmoni, hvordan de er gjensidig avhengige av hverandre og hvordan de påvirker hverandre. En fullfører derfor utviklingssirkelen, og ser ikke lenger en begynnelse eller slutt når det gjelder tid, sted eller prosesser siden man oppdager at alt eksisterer fra før i naturens plan.

Ved å oppnå naturens tankegang, blir vi overført til en eksistens på et overordnet nivå, bestående av helhet, evighet og ubegrenset glede. Vår verden er ikke der våre kropper er, men der vi ”selv” befinner oss. Om vi opplever en virkelighet av evighet, fortreffelighet og perfeksjon, så er det der vi er.

Å oppnå naturens tanke, betyr ikke bare at man får en bedre følelse, men at man har en følelse av evighet og helhet, slik naturen har selv. Kun i en tilstand der man har fullført det korrigerte kommunikasjonsnivået, kan man virkelig føle hvorfor de som har oppnådd naturens kraft definerer den som "det gode og det som gjør godt"!

Selv om de som nedjusterer sitt ego fra det kommuniserende nivået til det bevegelige nivået kan føle at naturen er velvillig, så vil dette kun være en følelse på det bevegelige nivået. I den tilstanden føler de fysisk og psykisk tilfredshet, men denne tilfredsstillelsen er kun kortvarig. Våre egoer vokser uten stans, og fjerner oss fra dyrene. De vil ikke tillate at vi slår oss til ro med den bevegelige tilstanden særlig lenge.

På den andre siden kan vi kanskje si at når dyr føler "det gode og det som gjør godt" som en tilstand, så vil de som egentlig hører til på det kommuniserende nivået føle det samme som en kontinuerlig prosess. Forskjellen mellom nivåene er lik forskjellen mellom en som føler seg fornøyd med å koble fullstendig ut tankene og kun bryr seg om kroppslige gleder, og en som bruker hjernen og tenker på livet fra vugge til grav. Mennesker som reflekterer over livet er i kontakt med et helt annet naturnivå.

En som oppnår følelsen av "det gode og det som gjør godt" på nivået av korrigert kommunikasjon, ser på livet som mer enn noe man bare er fornøyd med. Man kan si at han eller hun er i kontakt med en høyere virkelighet, en flyt av informasjon og prosesser. Slike mennesker nyter å forstå naturens helhet. Dette frigjør en fra enhver begrensing, og man slutter å definere seg selv ut i fra ens egen kropp.

Tankene til disse menneskene hever seg til et eksistens-nivå som er utenom den virkeligheten vi kan oppfatte gjennom de fysiske sansene, og de tar del i naturens tanker og det evige, forståelige feltet. Når et slikt menneskes kropp tar slutt, vil man fremdeles føle at ens virkelige jeg fortsetter.

Kort oppsummmert kan vi si at det "å finne tilbake til naturen" ikke er det samme som å oppnå den spirituelle balansen med naturen. Det kan til og med avlede vår oppmerksomhet fra behovet for å søke balanse på det kommuniserende nivået inni oss, det tankemessige nivået.

Vi har i denne boken presentert prinsippene for læren om kabbala. Den gjør rede for alle de utviklingsfasene som vi til nå har opplevd, og de som vi har igjen å oppleve for å nå naturens mål. Boken forklarer også at vi er på nippet til å oppnå en dramatisk endring i folks bevissthet. Det er ingen tvil om at menneskeheten vil forstå naturens plan, men det viktige spørsmålet som gjenstår er: "Hvor snart vil dette skje?"

Andre bøker av
Michael Laitman

An Interview With The Future
The Kabbalah Experience
A Guide to the Hidden Wisdom of Kabbalah

World Center For Kabbalah Studies

Last ned gratis e-bøker og foredrag
Lytt til Kabbalah Musikk
Delta i diskusjoner

—————————————

www.kabbalah.info

—————————————

www.ingramcontent.com/pod-product-compliance
Lightning Source LLC
Chambersburg PA
CBHW051457250726
48655CB00001B/453